ÉTUDES

SUR LE

POUVOIR DANS LA SOCIÉTÉ

ET LES FORMES SOCIALES

MONARCHIE ET RÉPUBLIQUE

SUIVIES

D'UN APERÇU SUR LA RÉVOLUTION ET D'UNE RÉFUTATION

DU LIBÉRALISME

PAR

J.-T. SÉNIGON

Archiprêtre en retraite.

AGEN

IMPRIMERIE SÉVERIN DEMEAUX, PLACE PAULIN, 1

1873

ÉTUDES

SUR LE POUVOIR DANS LA SOCIÉTÉ

ÉTUDES

SUR LE

POUVOIR DANS LA SOCIÉTÉ

ET LES FORMES SOCIALES

MONARCHIE ET RÉPUBLIQUE

SUIVIES

D'UN APERÇU SUR LA RÉVOLUTION ET D'UNE RÉFUTATION DU LIBÉRALISME

PAR

E.-T. SÉNIGON

Archiprêtre en retraite.

AGEN

IMPRIMERIE SÉVERIN DEMEAUX, PLACE PAULIN, 1

1873

A

MONSIEUR LE VICOMTE ALBAN DE CASTILLON

MON CHER AMI,

Dans presque tous les hommes du jour même les plus élevés en intelligence et sur l'échelle sociale, je trouve un tel abaissement de caractère, tant de mollesse, d'hésitation et même de défection dans les questions religieuses et politiques que je tressaille de bonheur à votre seule pensée. Au milieu des défaillances générales, je vois en vous un accroissement de noblesse, de sentiment et un dévouement indéfectible à Dieu et au Roi. En écrivant mes études sur le Pouvoir, il me semblait entendre un écho plein et retentissant que m'envoyait le petit-fils des croisés et mon cœur ne me trompait pas. Veuillez donc permettre à ma vieielle amitié de vous offrir ces pages, abrégé des doctrines que vos illustres ancêtres ont tant aimées et si noblement défendues.

Votre ami sincère et dévoué,

J. T. SÉNIGON

Archiprêtre en retraite.

AVANT-PROPOS

Le travail que j'ose publier aujourd'hui est le fruit de longues et sérieuses réflexions sur l'état actuel de la Société et particulièrement de la France. Le mal de changement et de révolution qui nous dévore est si profond que malgré l'instinct de stabilité dans l'ordre qui est en nous, nous ne savons pas rentrer dans les conditions de la paix, parce que nous avons perdu toute conviction politique. Nous ignorons l'origine, la nature et les conditions sociales du Pouvoir et nous roulons fatalement de changement en changement sans pouvoir nous arrêter jamais. Les principes antireligieux et antisociaux de 89 ont si bien galvanisé la France et même les meilleurs esprits que la Société, le Pouvoir et la politique sont considérés comme indépendants de l'ordre divin et complètement étrangers à l'action divine. De là les théories politico-fantaisistes, la prépondérance des intérêts matériels, la division des partis et par une raison contraire la puissance révolutionnaire toujours croissante et le spectre permanent des bouleversements et des catastrophes.

Un nombre immense d'hommes se disent et se croient conservateurs sans tenir compte de l'ordre divin. On pourrait bien plutôt les appeler révolutionnaires et fauteurs inconscients de révolutions, car sans principes religieux d'où découlent les principes sociaux, il n'y a pas de garanties possibles pour l'ordre même matériel. J'ai donc voulu jeter un cri d'alarme et rappeler aux Français les conditions rigoureuses de la vie sociale.

L'*Union du Sud-Ouest* a bien voulu ouvrir ses colonnes à quelques-unes de mes études sur le *Pouvoir dans la Société*. Cet essai a été accueilli avec faveur. Les principes exposés ont éclairé bien des esprits. Chez plusieurs la foi politico-sociale s'est ranimée ou affermie. De nobles encouragements me sont venus de toutes parts. On m'a sollicité de réunir en brochure ce travail trop éparpillé dans les feuilles d'un journal. J'ai cédé à ces instances. Cependant j'ai cru devoir ajouter comme complément indispensable, de nouvelles études sur les diverses formes de gouvernement, et de plus un aperçu sur le caractère et les tendances de la Révolution et une réfutation du libéralisme.

I

Voltaire, courtisan ignoble de Frédéric le Prussien et de sa politique machiavélique, Voltaire descendu si bas dans les ignominies de son caractère, qu'il se trouvait honoré des coups de bâton que Frédéric son maître lui faisait administrer par le valet de ses écuries. Rousseau l'orgueilleux, qui étouffait de rage de ne pas se voir applaudi par le genre humain, Rousseau le cynique qui envoyait tous ses bâtards à l'hôpital pour n'avoir pas la peine de les nourrir, Voltaire et Rousseau avaient préparé les conceptions antisociales de 89.

Alors se rencontrèrent des hommes qui, fatigués de la pensée de Dieu et dérangés par cette même pensée dans leurs plans révolutionnaires, résolurent de reléguer le Maître souverain du monde dans les solitudes de son éternité et entreprirent de faire sans Dieu et sans Providence un monde nouveau et des institutions nouvelles. Ils rédigèrent et publièrent une nouvelle Genèse et un nouveau code du genre humain. Ils instituèrent cette création de leur esprit : Déclaration des droits de l'homme.

L'histoire affirme que les commotions populaires, les révolutions, les malheurs, la démoralisation, la décadence et les désastres de la France datent de cette époque néfaste. La raison affirme que les mêmes causes produiront les mêmes résultats. Et nous venons d'entendre le sceptique président de la République oser, devant une Chambre chrétienne catholique, faire appel aux principes de 89 pour nous rendre l'honneur, la gloire et la prépondérance parmi les nations. Si cet appel de M. Thiers ne vient pas d'un entêtement irrémédiable, il vient certainement d'une insolence pleine d'injures pour les conservateurs qui espèrent la résurrection de leur patrie. Du reste, M. Thiers n'est pas connu d'aujourd'hui seulement, il a été l'homme fatal pour tous les gouvernements sous lesquels il a vécu. Il se déclare avec orgueil révolutionnaire et il est révolutionnaire dans le temps même qu'il promet de nous sauver de la révolution. Personne n'ignore que tout son *credo* religieux et politique est précisément la déclaration des droits de l'homme.

Or, dans ce factum indigeste que satan aurait signé, on trouve l'ignorance la plus déplorable de la nature humaine; les affirmations les plus extravagantes sur les droits de l'homme et les contradictions les plus manifestes sur le rôle qu'on lui assigne. Les mots de droits, d'indépendance, de liberté retentissent partout, mais ils cachent le plus humiliant esclavage. Les grands patriotes qui l'ont rédigé et proclamé n'ont montré de logique qu'en un seul point; ils n'ont donné à l'homme que des droits, mais tous les droits. Ah ! ce sont les droits du tigre dans les forêts et les droits du lion dans le désert. L'homme révolutionnaire doit être fier de cette destinée, elle a quelque chose de royal.

Comment les fabricateurs des immortels principes auraient-ils reconnu pour l'homme des devoirs, alors qu'ils ne reconnaissent pas Dieu qui les impose et les sanctionne, ni sa providence et sa justice qui en tiennent compte? Il est très évident qu'une société d'hommes sans Dieu ne peut pas renfermer des devoirs. Qui donc les imposerait? Entre égaux le devoir serait une servitude, et la déclaration des droits déclare que tout homme naît essentiellement libre.

Avant toute discussion on peut poser cette simple question, qui renverse tout ce grand magasin des erreurs et des absurdités modernes: D'où vient l'homme? Oui ou non, vient-il de Dieu? S'il vient de Dieu, tout le système des droits de l'homme croule, il ne reste qu'une rapsodie; et les devoirs, et l'ordre, et la paix, et la sécurité apparaissent. Si l'homme ne vient pas de Dieu, d'où vient-il? D'un caillou, d'une plante, d'un crocodile ou d'un singe, comme la savante Université l'enseigne, et comme notre spirituelle France a supporté qu'au dix-neuvième siècle un ministre de l'instruction publique le fit enseigner, pendant cinq ans, dans tous les lycées de l'empire et le supporte encore? Alors même que l'*Alma mater* n'extravaguerait pas, la question ne serait pas résolue. On lui demanderait : si l'homme vient du singe, d'où vient le premier singe?

Sans Dieu la question est insoluble et pleine d'impossibilité; ce n'est pas assez. Il est admis de tous qu'il faut penser sa parole avant de parler sa pensée. D'autre part, il n'y a pas de pensée possible sans parole. Qui donc a parlé la pensée intérieure au premier singe qui ne parle pas encore dans sa race? Et au singe fait homme, qui lui a parlé? Raillerie amère mais juste du bon sens sur les impiétés humaines!

Oui, quoi qu'on fasse, Dieu s'impose à la raison humaine; il est là, toujours là, créateur et maître souverain avec ses droits et sa puissance sur l'homme, sa créature, et sur la société. Voilà donc la fameuse déclaration des droits de l'homme, étranglée par la raison et la nature, même avant son prologue. Cependant la France, notre grande France a eu la poitrine assez élargie par les sophismes pour avaler tout cet amas d'inepties, d'impiétés et de servitudes; mais aussi elle en étouffe et ses convulsions deviennent de plus en plus fréquentes et désastreuses. Le spécifique est dans la vérité divine et vraiment sociale et non pas dans les appels insolents, je n'ose pas dire stupides, aux principes des droits de l'homme.

II

Dans tous les siècles, il s'est trouvé des hommes philosophes, athées ou chef des sectes, qui ont professé cette étrange maxime que le monde se gouverne sans Dieu; en conséquence, ils se sont efforcés d'interdire au créateur souverain toute intervention dans les affaires du monde. Mais une force surnaturelle, l'instinct des peuples et la sagesse des législateurs ont rendu toujours stériles ces tentatives impies. Toutefois au XVIIe siècle, l'affaiblissement de la foi et surtout la corruption des mœurs ouvrirent une facile issue dans les esprits à cette doctrine de mort.

Ce fut le triomphe à jamais néfaste de Voltaire et de Rousseau, de Voltaire dans ses persiflages impurs et sataniques, de Rousseau dans ses sophismes hypocritement honnêtes. La révolution de 93 se crut assez puissante pour proclamer un éternel divorce entre l'humanité et Dieu, son créateur. Elle formula le bannissement de Dieu de la terre et la complète indépendance des sociétés humaines dans ce sacrilége manifeste que l'on appelle si fastueusement : *Déclaration des droits de l'homme.*

Depuis cette époque lamentable, presque tous les esprits en France ont été systématiquement imbus de ces doctrines impies et anti sociales. Les gouvernements, les assemblées délibérantes et particulièrement l'Université se sont employés à cette besogne malsaine avec une ardeur dévorante et digne d'une meilleure cause. Si bien qu'au point de vue politique et social, il ne subsiste plus aucune notion claire et ferme sur la nature du Pouvoir et sur le régime des sociétés. L'erreur a grandi à ce point que les esprits les meilleurs ne sont pas éloignés d'accepter comme maximes gouvernementales et légitimes les principes ultra-révolutionnaires comme ceux-ci : Souveraineté du peuple ; droit à l'insurrection ; vote universel ; la loi doit être athée ; le roi règne et ne gouverne pas. Malgré les révolutions si fréquentes et les malheurs qui nous écrasent, malgré l'abaissement continu de la France depuis 80 ans, on ne veut pas reconnaître que ces principes sont subversifs de toute société et ne peuvent aboutir qu'à la ruine et à la mort d'une nation si puissante qu'elle ait été. La France se débat actuellement dans ce travail de décomposition. Tout le monde le sent et le dit ouvertement, tout le monde en est effrayé, mais les sages mêmes n'osent pas affirmer les principes sauveurs.

Il est incontestable cependant que la France ne sera sauvée qu'en rentrant dans l'arche des principes éternels et divins qui l'ont si glorieusement dirigée pendant tant de siècles. Sans doute il en coûte à l'orgueil de s'avouer vaincu et de reconnaître son impuissance à produire la vie et à conduire les peuples au repos, au bonheur, à la gloire, c'est là son châtiment. Mais l'honneur d'une nation consiste à repousser les théories de mort qui la dévorent et à proclamer les droits de Dieu qui sauvent les peuples. C'est alors et seulement alors que notre belle France, si bien faite pour les grandes choses, sortira de ces abîmes de honte, d'impiétés et de dissolution où la révolution l'a plongée et respirera le grand air de l'honneur, des principes divins, de la liberté et de la vie sociale.

C'est un principe d'instinct universel que Dieu est tout en toutes choses. Sa sagesse ne saurait donc se désintéresser de sa gloire dans le monde humain qu'il a créé avec tant de prédilection. Aussi le gouvernement des sociétés humaines relève de Dieu à ce degré que la conformité de ses lois à la justice et à l'autorité divines est pour elles une condition de vie ou de mort.

Les déistes et les libres-penseurs s'efforcent en vain de séparer le monde divin du monde humain pour régir celui-ci à leur guise et selon leurs caprices ; ils sont reliés l'un à l'autre par des liens indissolubles et le monde humain ou plus particulièrement les sociétés humaines ne sauraient jamais être indépendantes de Dieu qui en est le créateur, le type et le principe. On voit par-là l'inanité des efforts et j'oserai dire le crime de lèse-nature de ceux qui veulent bannir Dieu du gouvernement des peuples et consommer un impossible divorce entre la politique et la théologie.

Oui, tous les éléments qui constituent la société viennent de Dieu, et, sous peine de destruction violente, ils doivent remplir la mission d'ordre et d'harmonie qu'il leur a imposée. Il ne sera donc pas donné à l'orgueil de l'homme de soustraire la société à l'action divine ni de changer la nature de sa constitution, et c'est pourtant le labeur sacrilége qu'accomplissent nos eunuques politiques.

Il est grand temps que la France abaissée, meurtrie et aujourd'hui haletante dans les angoisses de ses désastres, de ses mutilations et de sa honte, jette au ciel un cri de repentir, se débarrasse de l'impiété meurtrière, se lève et rentre dans ses traditions religieuses et politiques qui ont fait son bonheur et sa gloire pendant tant de siècles.

III

Il serait extrêmement intéressant de considérer ce que serait le Pouvoir dans la société si l'homme conservait toutes les prérogatives de sa création, c'est-à-dire l'accord parfait entre l'esprit et la chair, la subordination naturelle des organes et des appétits à l'âme et à la raison. En d'autres termes, s'il n'était pas déchu. Mais depuis la déchéance originelle, tous les rapports intérieurs et extérieurs ont été faussés, la révolte entre l'homme et Dieu son créateur, entre l'esprit et le corps, entre la liberté et l'autorité. Désormais une grande puissance est nécessaire pour rétablir l'équilibre perdu,pour maintenir la paix et faire régner les droits de l'ordre qui sont les droits de la justice.

Or, cette puissance a été créée de Dieu et son institution n'est pas une des moindres preuves de la sagesse qui veut faire sentir perpétuellement à l'humanité le crime de l'insubordination primitive et la nécessité de l'expiation et de la réhabilitation par une obéissance toujours active. Aussi, ne tenir aucun compte de la déchéance originelle dans l'établissement et les conditions de la société humaine, c'est faire à plaisir les ténèbres dans le monde humain, c'est méconnaître les ressorts puissants qui font l'ordre et la paix, c'est précipiter l'humanité dans toutes les convulsions sociales. Tels sont, en effet, les résultats vivants sous nos yeux des prétendus principes de 89 qui,faisant abstraction de Dieu et de tout ordre divin, constituent l'égalité absolue entre les hommes et font dériver le Pouvoir, ne pouvant s'en passer, de la souveraineté de la multitude, c'est-à-dire du nombre et de la force matérielle. C'est ainsi, en effet, qu'on a établi comme principe constitutif de la société la souveraineté du peuple et qu'on est fatalement arrivé au césarisme, le plus déguisé possible sous le mot et les apparences de la liberté, mais en réalité le plus réel et le plus dur dans une société chrétienne. Il est grand temps pour la nation française, si elle veut échapper à une destruction certaine, de rentrer dans les principes éternels de l'ordre et de la vie sociale.

Nul homme de bonne foi et doué d'une très-ordinaire intelligence ne saurait se soustraire à l'évidence des rapports ou des corrélations qui existent entre la création tout entière et le créateur. Tous les enseignements sacrés nous disent la société complète, parfaite et ineffable qui est en Dieu dans la trinité de ses personnes, et c'est sur ce modèle divin que toutes les grandes créations ont été faites. Sans nul doute, Dieu étant infini, toute comparaison est sous plusieurs aspects infiniment disproportionnée à son objet, mais Dieu est toujours en tout un type qui se laisse apercevoir, et toute créature complète est toujours le reflet plus ou moins affaibli de la trinité divine. Ce serait un travail beau et intéressant au suprême degré de faire resplendir dans toute la création la trinité qui fait l'essence de Dieu. Je n'indiquerai que les traits saillants, et qui se rapportent au sujet que je me propose d'esquisser dans ses lignes principales.

Dans le monde intellectuel, l'âme a trois termes : la mémoire, l'intelligence et la volonté. Dans le monde humain, l'homme se compose d'esprit, de cœur et de corps. Dans l'ordre des idées qui embrassent les mondes métaphysique, physique et moral, nous trouvons, comme condition d'existence, cause, moyen, effet. Il est incontestable que la société, création par excellence, œuvre privilégiée de Dieu, puisqu'elle embrasse à elle seule l'ordre intellectuel, humain, moral, physique et métaphysique, et qu'elle est la condition de vie pour tous les êtres humains, doit refléter à un degré saisissant les termes trinaires qui font son existence. Et, en effet, on ne conçoit et on ne peut concevoir la société que sous ces trois termes. Pouvoir, ministre, sujet. Cette vérité acquiert l'évidence d'une démonstration mathématique si l'on considère la composition de la société prise au point de vue général, ou des sociétés particulières, Royaume, Empire, République. L'une et les autres ont pour base fondamentale la famille ou les familles. Or, la famille, rudiment de la société générale est la société domestique jouissant des trois éléments essentiels de sa vie et sans lesquels elle ne saurait être conçue, à savoir père, mère, enfant, qui correspondent merveilleusement et à première vue aux éléments constitutifs des sociétés en général, Pouvoir, ministre, sujet.

J'ai à peine soulevé un coin de voile de l'ordre divin et de la vérité éternelle que la raison aperçoit les conditions nécessaires de l'ordre humain et social et entrevoit les conséquences qui en découlent.

IV

Nous l'avons dit dans notre dernière étude : image de la trinité divine, la société se compose de trois termes absolus, Pouvoir, ministre, sujet, et chacun de ces termes est rigoureusement nécessaire dans toute constitution sociale et à la place qu'il occupe, car alors la société est une hiérarchie parfaite, complète. Prétendre intervertir l'ordre de ces termes, serait jeter la perturbation dans son sein et détruire son essence comme on détruirait la société domestique ou la famille en retranchant l'un de ces termes ou en les interposant, car il n'y a pas de famille sans père, sans mère et sans enfants. Et ici plus que partout ailleurs, on voit la nécessité naturelle de cet ordre hiérarchique. Or, la société n'est pas autre chose que l'ensemble des familles formant une seule et grande famille sociale. On voit à première vue que si dans la famille particulière les différents caractères d'autorité, d'union et de subordination sont indispensables dans le père, la mère et l'enfant, les mêmes caractères doivent se trouver à un degré suprême dans la société en raison de l'importance majeure de celle-ci et des difficultés de l'ordre et de la bonne administration qu'elle exige.

Si raccourci que soit cet exposé, on voit déjà le grand rôle du Pouvoir dans la société. Il est le pivot de l'existence sociale, il est la source de la vie et la condition rigoureuse du bien et de la paix. Mais ces considérations prennent des proportions de vérité, de grandeur et de magnificences incomparables, si l'on étudie les rapports, les corrélations intimes que Dieu a établis entre lui, Pouvoir divin et les divers pouvoirs terrestres qu'il a faits à son image. Nous nous permettrons seulement un rapide coup d'œil sur ces beautés ineffables.

Et d'abord, dans la trinité sainte, le premier terme que la théologie appelle si bien le Père, le Père est l'Etre par essence, il est la puissance infinie, il est la source de la vie, sa fécondité infinie produit éternellement et perpétuellement deux personnes infinies comme lui et forme ainsi une société parfaite. Dans le monde humain, toute la valeur de l'homme est dans son âme, premier terme de son essence, et l'âme est le Pouvoir, la puissance incontestée, elle est le principe de la vie intérieure et extérieure, elle est reine qui domine, commande et gouverne tous les membres comme des serviteurs, sa puissance est si étendue que, s'il le faut pour la gloire de Dieu et pour la vertu, elle condamnera à mort et sacrifiera tous les organes. Toutefois, depuis que l'âme infidèle à sa mission de Pouvoir et de commandement a criminellement cédé aux suggestions organiques, il y a lutte opiniâtre entre elle et le corps, et elle ne retrouve le repos et la paix que lorsqu'elle rentre dans la plénitude de sa puissance, c'est-à-dire quand elle redevient Pouvoir.

Les splendeurs, la majesté et les prérogatives du Pouvoir sont encore plus éclatantes dans la société domestique. Le père est un magnifique reflet de la paternité divine. De lui s'épanche sans cesse l'inspiration et la triple vie intellectuelle, morale et physique. Il a la majesté de la puissance, le droit incontesté du Pouvoir, il est l'âme de la famille. Que sera donc le Pouvoir dans la société ? Il sera avec des prérogatives plus étendues ce qu'est l'âme dans l'homme, ce qu'est le père dans la famille ; il sera un reflet resplendissant de l'autorité, de la majesté et de la puissance de Dieu le Père.

Il ne servirait de rien de se faire athée, libre-penseur, démocrate, radical pour nier Dieu et son intervention dans le monde humain et social. La théologie s'impose avec une force inéluctable. Les fureurs révolutionnaires, les blasphèmes, les négations si impies soient-elles se brisent contre la nature des êtres et la constitution divine.

On peut voir déjà par les rapports qui unissent les termes sociaux aux termes divins le caractère sacré du Pouvoir, resplendissement de la première personne dans la société divine. On entrevoit aussi la confusion et bientôt la destruction violente que doit fatalement entraîner son absence ou son renversement dans le monde social.

V

Depuis cinquante ans il s'est élevé particulièrement en France une secte qui, moins hideuse que l'athéisme, plus déguisée que le déisme, n'est pas moins funeste aux principes sociaux, à l'ordre général et au repos du monde parce qu'elle aboutit aux mêmes résultats sous des dehors plus honnêtes et sous un nom fallacieux et séducteur. C'est la secte du libéralisme. Expression polie, flatteuse, conciliatrice de la vérité avec l'erreur, elle est l'hérésie du XIXe siècle, c'est-à-dire d'une société amolie, en décadence, qui ne supporte plus le poids de la vérité et du devoir.

A l'encontre de l'athéisme elle affirme Dieu. A l'encontre du déisme elle affirme l'action de Dieu sur les individualités humaines et la nécessité pour les individus de rendre à Dieu ce qui lui est dû d'adorations, d'hommages et de vertus. Mais par une distinction inconcevable elle tombe dans le crime des déistes par rapport à la société, prétendant que Dieu ne s'occupe en rien de la société, des gouvernements, de leurs formes, ni des conditions de leur vie.

Pour soutenir une telle doctrine qui répugne au sens commun, les libéraux sont forcés de ne tenir aucun compte de la société divine dans ses rapports extérieurs, de regarder comme un pur hasard la concordance parfaite qui existe entre la société humaine, domestique et sociale et la société divine qui en est le type, concordance si rigoureuse que l'altération, la transposition ou la négation de l'un des trois termes qui la composent produit le désordre, l'anarchie et la mort. Et cependant les libéraux ne veulent reconnaître dans la société qu'une organisation humaine que les hommes peuvent faire, défaire et modifier à leur volonté. En conséquence ils n'admettent aucun principe de politique, aucun caractère sacré et inviolable du Pouvoir, ni pour celui-ci aucun devoir divin qui l'oblige. Toute révolution dans les Etats est à leurs yeux un accident et non un crime. Ils acceptent avec les mêmes égards, ou du moins avec la même indifférence, tout Pouvoir que leur jettent les flots révolutionnaires ; tout Pouvoir a pour eux la même légitimité, qu'il soit le Pouvoir vrai, séculaire et national ou qu'il soit Pouvoir usurpateur. Seulement ils préfèrent celui qui, pour le moment, garantit le mieux leurs intérêts matériels et la liberté absolue du bien et du mal, de la vérité et de l'erreur ; c'est-à-dire qu'ils martérialisent à leur profit et abaissent jusqu'à l'indifférence ce qu'il y a de plus élevé au monde, les doctrines sociales. Leurs professions de foi par toutes les voix de la presse et leurs pratiques de chaque jour ne laissent aucun doute sur leurs sentiments. Du reste, leurs actes sont là vivants sous les yeux de tous. Ils pactisent avec toutes les exigences révolutionnaires, ils aiment à se faire appeler homme de conciliation et ils s'efforcent en toutes choses de concilier la vérité avec l'erreur, la justice avec l'iniquité, la vertu avec le crime, la victime avec le bourreau. Ils voudraient pouvoir concilier Jésus-Christ avec le Diable. Les trahisons, les rapines, les attentats du roi de Piémont contre les Rois, les princes Italiens et le Pape ne sont pas, de leur avis, de nature à ne pouvoir pas se concilier avec la possession légitime et séculaire, avec la justice. Dailleurs ne proclament-ils pas assez haut que les faits accomplis doivent légitimer tout forfait social et apaiser toutes les syndéréses de conscience ? Disons-le sans détour, en bannissant Dieu de la société et de la politique les libéraux ont perdu le sens de la justice, car les crimes et les attentats ne cessent pas d'être des crimes et des attentats parce qu'ils sont politiques. On les décorera vainement du titre de faits accomplis, ils n'échappent pas à la justice divine. Ils ont perdu le sens du patriotisme. On les voit s'attacher à l'usurpation plus qu'à la légitimité du Pouvoir. Bien plus, aujourd'hui même ils préfèrent un usurpateur au Roi légitime avec le danger imminent et certain de désoler et de perdre la patrie.

Pour combattre victorieusement les libéraux, il n'est pas nécessaires de s'élever jusque dans les abstractions de la métaphysique ni de plonger dans les profondeurs de la théologie, le bon sens et un peu de réflexion suffisent à ce travail.

Et d'abord il faut reconnaître bon gré mal gré que l'humanité est sociale. Elle est sociale par création. Comme nous l'avons établi, Dieu l'a faite à son image. Elle doit nécessairement porter en elle la ressemblance de Dieu et puiser sa vie au sein-même de son être qui est la société. En dehors de la société l'humanité s'émiette en individualités incohérentes et tombe sous le coup de cet anathème divin *væ soli*, malheur à celui qui est seul.

L'humanité est encore sociale par nature. La société est le centre où toutes les facultés de son être prennent la vie, se perfectionnent et se transmettent. Par le mystère de la parole, la société illumine son esprit, crée les sentiments de son cœur et alimente son activité par une action incessante. Au contraire, en dehors de la société, l'expérience le prouve, l'homme resterait perpétuellement brute ou plutôt il ne vivrait pas, il mourrait en naissant. Supposé même qu'il put vivre, le monde intellectuel, moral et surtout le monde divin seraient à jamais fermés pour lui, car il n'est pas donné à l'homme de pouvoir inventer la pensée, la pensée serait déjà indispensable pour cette invention. Or, dans l'état actuel de l'humanité la parole est le moyen exclusif d'illuminer l'intelligence en donnant la pensée et cette communication par la parole ne s'opère que par la communion des intelligences, dans l'union des êtres semblables, c'est-à-dire dans la société. Donc la société est l'état naturel créé de Dieu pour l'humanité. Quelle que soit l'obstination du libéralisme à exclure Dieu de la société ou à soustraire la société à l'action de Dieu, on est forcé de reconnaître que Dieu a créé la société afin que l'humanité trouvât en elle les conditions de son existence. Ne serait-il pas étrange, d'après le système libéral, que Dieu eût scindé son action en faisant l'humanité intrinsèquement sociale pour parvenir à sa perfection et en l'abandonnant sans garanties à une société qui devait avoir une si redoutable influence sur ses destinées, c'est-à-dire que l'homme étant donné déchu, avec sa faiblesse, avec ses penchants mauvais et ses passions, c'était vouloir déformer, souiller, dégrader et perdre son propre ouvrage. Cette théorie des libéraux n'est plus une erreur, c'est un blasphème et une impiété. Si donc l'homme individuel a un besoin incessant et perpétuel de Dieu à combien plus forte raison la société, qui est chargée de former l'homme, de le diriger dans ses intérêts multiples et de le conduire à sa fin.

Nous avons déjà démontré, et sans réplique possible, je crois, que Dieu a créé la société comme l'homme à son image dans les mêmes termes hiérarchiques et avec la même mission de glorification dans la pratique des mêmes lois et des mêmes vertus. Si pour être heureux et parfait l'homme individuel doit observer rigoureusement l'ordre hiérarchique que Dieu a établi dans ses facultés, la société, en raison de son importance doit plus rigoureusement encore observer le même ordre qui est en elle. Nous avons déjà fait observer l'économie et la sagesse de Dieu et sa paternelle prévoyance dans la constitution sociale en vue de la déchéance. Avec les passions en germe ou développées, le Pouvoir, premier terme social, était d'une nécessité absolue pour les contenir et les diriger. Le respect, la soumission et une perpétuelle obéissance n'étaient pas moins nécessaires dans le sujet, dernier terme social.

Il est incontestable que dans la hiérarchie de cette constitution sociale les devoirs qui sont imposés au Pouvoir et au sujet sont pour l'ordre et pour le bien d'une importance incomparable. Aussi dans mille pages des livres saints Dieu intime des prescriptions rigoureuses et des menaces effrayantes. Les rois règnent par lui, ils relèvent de lui et n'ont de droit que par lui, ils sont ses ministres et les exécuteurs de ses volontés. La justice doit être leur règle et ils ne doivent jamais oublier qu'ils sont les pères du peuple. S'ils prévariquent, les châtiments seront en rapport de leur puissance. Les peuples doivent obéir au Pouvoir parce qu'il vient de Dieu, et désobéir au Pouvoir c'est désobéir à Dieu.

On voit par ces données certaines combien les libéraux sont mal venus à vouloir soustraire les sociétés humaines à l'action divine. Ils sont mal venus à soutenir que l'élévation ou le renversement du Pouvoir sont choses indifférentes en elles-mêmes, que les insurrections et les révoltes des peuples ne sont pas des crimes, que le Pouvoir peut être despote ou tyran sans forfaire à sa mission, car, disent-ils, Dieu ne se mêle pas de ces accidents sociaux.

Cependant la plupart de ces libéraux sont chrétiens et presque tous catholiques. Ils n'ignorent pas, ils savent que Jésus-Christ, sauveur de l'humanité, est prédit comme le Désiré des nations, que toutes les nations seront bénies en lui, que sa religion sera la loi des nations, qu'il sera le chef et précepteur des nations, que toutes les nations lui sont données en héritage. L'Archange Gabriel annonce à Marie que le fils du Très-Haut, qui naîtra d'elle est appelé au trône et que son règne n'aura pas de fin. A sa naissance il reçoit l'adoration des Rois. Ils s'appelle lui-même le Prince des Rois de la terre, le Roi des Rois et le Seigneur des Seigneurs. Enfin il met le sceau de sa Divinité à tous ses titres dans la mission qu'il donne à ses apôtres, il leur dit : Allez, enseignez toutes les nations les baptisant au nom du Père, du Fils et du Saint-Esprit, et leur apprenant à garder tout ce que je vous ai recommandé. Ces prophéties se sont-elles réalisées ? La mission des apôtres s'est-elle accomplie ? Jésus-Christ est-il devenu le Roi des Rois et sa religion la loi des peuples ? Ici l'histoire et la grande histoire s'élève au-dessus de tous les sophismes et s'impose avec une autorité si évidemment incontestable qu'il faut l'accepter ou se jeter dans le parti pris d'un pyronisme universel. Est-ce que les faisceaux romains ne se sont pas inclinés devant la croix ? et dans les faisceaux romains n'est-ce pas tous les empires du monde ? L'Evangile n'est il pas devenu la loi des nations ? L'étendard de la royauté de Jésus-Christ n'a-t-il pas surmonté et embelli les diadèmes des rois et des empereurs? N'est-ce pas les droits du Christ qui étaient gravés sur la monnaie des peuples ? N'est-ce pas au nom du Christ que les Rois commandaient et rendaient la justice ? N'est-ce pas sa religion qui a transformé la religion des nations et de plus leurs mœurs, leurs institutions, les lois, les droits publics et le droit des gens ? N'est-ce pas la religion chrétienne qui a fait la nation française, tous ses grands rois, sa monarchie et sa civilisation que les libéraux sont en train de détruire ? N'est-ce pas la religion du Christ qui nous a arraché de la barbarie, qui nous en a préservé de nouveau en convertissant les barbares qui avaient envahi notre patrie? Chose étonnante et qui n'ouvre pas les yeux aux libéraux !

Les nations barbares, qui s'étaient élevées à l'apogée de la civilisation en se convertissant à l'Evangile, sont retombées dans la barbarie en reniant le catholicisme. Ce spectacle est là vivant et parlant depuis des siècles : il proteste éloquemment contre les théories libérales qui prétendent soustraire les nations, leurs lois et leur politique à l'action de Dieu et de son Christ. Depuis quatre-vingts ans les événements démontrent aux plus aveugles que ces théories libérales nous conduisent en train exprès à la barbarie, nous, la nation spirituelle par excellence, nous, le type de la civilisation. Les libéraux voient, constatent cette tendance de la nation française et ils s'obstinent dans leur criminelle utopie. Ils ne sentent pas qu'ils donnent eux-mêmes le branle à tous ces mouvements qui nous entraînent aux catastrophes et à l'abîme. Oui, les libéraux sont plus funestes à la société que les révolutionnaires et les socialistes de la dernière couche sociale, car en excluant Dieu de la politique et du gouvernement de ce monde, ils livrent la société à l'athéisme et à toutes les passions populaires, ils fournissent les principes qui légitiment et qui innocentent toutes les révolutions et tous les attentats contre le Pouvoir et contre l'ordre public. N'a-t-on pas entendu naguère M. de Cumont, doublure, portevoix de M. de Falloux, député, journaliste et l'un des chefs du libéralisme déclarer qu'il était croyant en religion, mais libre-penseur en politique ? Dans l'état social où nous sommes, cette profession de foi est effrayante d'aveuglement ou de cynisme de parti pris.

Sur quelle base large, solide et incontestable les libéraux établissent-ils leur système d'athéisme politique? En d'autres termes, de quel droit nient-ils l'origine divine du Pouvoir et l'intervention de Dieu dans la politique? Sur cette parole de Jésus-Christ à Pilate : Mon royaume n'est pas de ce monde. Il est évident que les libéraux veulent se faire illusion et en faire aux autres. Ils ne s'appuyeraient pas sur cette parole s'ils voulaient un instant tenir compte de la circonstance où elle fut prononcée, car elle se tournerait contre eux. Jésus était venu sur la terre pour sauver tous les peuples et régner sur eux en se faisant volontairement leur victime. Il allait être immolé et dans cette immolation il devait conquérir les nations en les baptisant dans son sang. Voilà pourquoi, avant de mourir, il a affirmé qu'il est Roi, mais que son royaume n'est pas de ce monde, c'est-à-dire des nations, des peuples non encore rachetés et baptisés et il déclare de plus que lorsqu'il aura été en croix il attirera tout à lui peuples et nations, rois et sujets. Aussi l'apôtre, interprète infaillible de la parole divine, enseigne que le Christ a régné par la croix. En mourant sur la croix il a vaincu satan, le mensonge, l'erreur et toutes les passions et il règne par la vérité, par le droit, par le bien, par la fraternité et par la charité qui résume tout.

Oui, à la façon des royautés terrestres la royauté de Jésus-Christ n'est pas de ce monde, mais elle est dans ce monde et s'exerce sur ce monde. C'est le règne du droit sous toutes ses formes et de la vérité universelle dont le Christ est la source et son Eglise l'organe toujours vivant. Sous ce rapport Jésus-Christ porte incontestablement le sceptre : il régit toutes les nations qui veulent vivre. Voilà pourquoi il est le Roi des rois, il commande aux rois comme il commande aux peuples.

Afin de rendre cette vérité plus sensible, on peut dire que la Royauté de Jésus-Christ n'est pas de ce monde de la même manière que l'âme n'est pas du corps, mais qu'elle est dans ce monde comme l'âme est dans le corps. Dans le monde baptisé, régénéré Jésus-Christ est aussi essentiellement le principe de vie des peuples et des gouvernements que l'âme est le principe de vie dans le monde humain. Otez l'âme, le corps tombe en dissolution, en poussière. Otez le Christ de la société, le pouvoir se dissout et l'anarchie entre dans le corps social. N'est-ce pas le travail qui se fait depuis longtemps en France et ailleurs ?

Le sophisme, la haine et la violence avaient banni le Christ de l'Etat, de la constitution, des lois, de l'administration et l'Europe vit avec épouvante les horreur de 93. Plus tard la présence du Christ et de sa religion fut proclamée nécessaire, mais avec regret, avec restriction et la vie de la nation fut agitée en proportion de ces restrictions et de ces regrets. En 1871 le cri de *Tolle* fut poussé de nouveau et la Commune se manifesta dans tous ses sacriléges et dans la sauvagerie la plus hideuse et la plus féroce. Aujourd'hui le même cri, grossi par des millions de voix, menace la France d'un horrible cataclysme de malheurs inouïs. Chose étrange ! les libéraux, même les libéraux catholiques partagent avec les hurleurs les mêmes principes politiques sur la royauté de Jésus-Christ. Comme eux ils ne veulent pas que Jésus-Christ soit Roi des nations, qu'il sanctionne et divinise le pouvoir social, qu'il impose des devoirs aux gouvernements et aux peuples, enfin ils ne veulent pas qu'il règne ici-bas, c'est-à-dire qu'à leur insu sans doute, ils répètent le grand blasphème des Juifs : *Nolumus hunc regnare super nos.*

La démonstration vient d'en être faite au grand scandale de l'Europe chrétienne.

Mgr l'Archevêque de Paris avait prié l'Assemblée nationale de vouloir bien déclarer d'utilité publique la construction, sur les buttes de Montmartre, d'une église qui serait dédiée au Sacré-Cœur de Jésus : et M. de Cazenove, le noble mutilé de Patay, demandait qu'une députation de la Chambre assistât à la pose de la première pierre de ce sanctuaire, aussitôt les catholiques libéraux prennent l'épouvante. Ils voient déjà Jésus-Christ légalement rétabli dans la société française, dans les lois et dans la politique. Ils intriguent à outrance et parviennent à faire décider que Jésus-Christ ne peut pas être reconnu par l'Etat, que l'Etat ne peut pas assister officiellement à l'érection d'un temple dédié à Jésus-Christ. Aussi ils font disparaître du projet de loi et la dédicace au Sacré-Cœur et l'assistance de la Chambre à la pose de la première pierre.

On le voit avec évidence. Au point de vue religieux, les catholiques libéraux s'identifient avec les libres-penseurs, les déistes, les athées et les radicaux dans la répulsion du principe d'vin dans l'ordre social.

Toutefois, ils sentaient la nécessité de sauvegarder l'honneur et la dignité du chrétien si gravement compromis. Ils firent declarer, par M. de Jouvenel, qu'ils pouvaient produire un acte de foi comme hommes privés mais qu'ils ne le peuvent pas comme législateurs.

Que de choses dans cette déclaration ! Comme ce rôle étrange cotoye l'apostasie envers le Dieu et le Roi des nations !

C'est dans les grandes crises sociales que Dieu se manifeste et révèle aux nations le crime des grandes erreurs. Telle est la leçon fondamentale que Dieu donne au monde dans ce moment. Depuis quatre-vingts ans la France a bu à longs traits le vin de la révolution. Elle s'est enivrée jusqu'à perdre le souvenir de ses neuf siècles de gloire, de grandeur et de civilisation. Elle vient de se précipiter dans toutes les hontes d'une guerre folle et d'une défaite certaine. Son vainqueur insolent la dépouille de toutes ses richesses, la traite avec mépris en la menaçant du talon de sa botte. Pendant ce temps-là des Français forcenés conspirent et décrètent la destruction totale de leur patrie. Ils renversent les colonnes de ses victoires, ils incendient les monuments de ses gloires et de ses grandeurs et préparent l'incendie de la France entière. Ils massacrent sans pitié et avec rage les premières et les plus pures de toutes les hiérarchies sociales et annoncent le massacre général des prêtres, des nobles, des bourgeois et des riches. Ils veulent une destruction complète pour rétablir une société nouvelle sans Dieu, sans famille, sans capital et sans droit. C'est du délire et de la frénésie, sans doute, et cependant ces hommes se comptent par centaines de mille ; ils sont répandus sur tous les points de la France, ils composent les conseils d'administration publique. Ils dominent dans toutes les villes importantes et commandent en maîtres. Ils sont dans la magistrature, dans l'armée, dans les consulats et les ambassades, ils forment le tiers de l'Assemblée nationale ; l'un d'eux est ministre du gouvernement, et le sceptique président de la République provisoire sympathise avec eux, leur tend la main et leur distribue des postes.

Voilà bien l'état de la France. Par quel phénomène cette République provisoire n'est-elle pas encore tombée dans la terreur et l'anarchie ? La Providence a ménagé pour quelque temps un obstacle destiné à instruire le monde en étalant aux yeux de l'Europe entière le crime hideux et social du libéralisme. On ne l'appréciera jamais assez. Le voici dans toute sa nudité :

Il y a dans l'Assemblée nationale une majorité honnête, monarchique, qui tient la révolution en échec. Elle a avec elle et pour elle l'immense majorité de la France. Elle possède la seule force qui nous reste, l'armée. Un seul de ses votes pourrait nous délivrer à jamais de la terreur et de la mort. Mais une grande partie de cette majorité est libérale. Or, nous l'avons dit et prouvé, les libéraux ne regardent pas le Pouvoir comme une institution divine, sacrée, permanente, contre lequel tout attentat est un crime religieux et social, et contre lequel toute violence est sans droit et toute substitution une usurpation. Mais ils le regardent dans son représentant comme un accident dans la société qui peut être ou n'être pas au gré des passions révolutionnaires. Devant cet absence de principes, voici la position de la France dans sa crise suprême.

Les libéraux, comme tout le monde, voient et sentent les flots révolutionnaires monter, s'amonceler avec fureur et annoncer une tempête formidable. Ils le disent, ils le répètent, saisis eux-mêmes de frayeur. Le vaisseau de l'état, balloté par les vents et les vagues, fait eau de toutes parts. Le danger est imminent, et malgré leurs cris d'alarme, le pilote obstiné dirige vers tous les écueils. Une parole, une seule, une parole de principe pourrait éteindre la tempête, faire le calme et sauver. Les libéraux refusent de la prononcer.

Parlons sans métaphore. La secte démagogique, enhardie et soutenue par le gouvernement de la République provisoire, s'agite librement sur tous les points de la France. Pleine d'audace, elle annonce son prochain triomphe, et son triomphe est le renversement de toute hiérarchie sociale, c'est le pillage, le sang, les massacres, c'est la proclamation de l'athéisme, le règne de l'impiété, c'est l'anarchie, la ruine et la mort. Dans cet état de craintes trop réelles et trop justifiées par le passé et par le présent, la patrie, de l'aveu de tous, ne peut être sauvée que par le principe d'un Pouvoir incontesté et ce Pouvoir existe, incontestable, social et vivant. Toute la presse retentit de son nom, c'est le comte de Chambord ; représentant vrai, légitime de la monarchie légitime. Couronné d'honneur, d'honnêteté, de franchise et de justice, il se présente à la France comme son sauveur et lui tend sa main royale. Tous les cœurs honnêtes l'ont saisie avec amour et nous nous croyons sauvés. Ah! l'histoire vengeresse dira que la main loyale et généreuse d'Henri V a été repoussée par les libéraux et par eux seuls avec tous les scélérats que contient la France. Cependant en s'unissant aux monarchistes vrais, les libéraux pouvaient seuls restituer le sceptre et l'épée au descendant des rois.

Quelle épouvantable responsabilité! Les malheurs, la ruine, les larmes désespérées de la patrie, voilà le poids qui désormais pèsera comme un éternel châtiment sur la conscience des libéraux. Quoi donc! les horreurs de l'anarchie et de la guerre civile valent mieux pour les libéraux que la monarchie légitime avec l'honnêteté, la justice et la paix? Naguère, le cœur se soulevait d'indignation et de dégoût en entendant cette maxime des radicaux : Périssent les colonies plutôt que le principe républicain, désormais le dégoût et l'indignation doubleront en entendant les libéraux déclarer : Périssent la monarchie, la France et la société plutôt que le principe de la liberté du mal et de l'erreur. Car, enfin, voilà tout ce que veulent les libéraux : la pleine liberté du mal et de l'erreur, c'est tout leur système. Ils ne sont et ne peuvent être libéraux qu'à ce titre. Je le répète ici, le catholicisme contient, autorise, sanctionne la liberté et toutes les libertés, il ne repousse et ne condamne que la liberté du mal qui n'est pas la liberté, mais la licence comme nous le démontrerons plus tard. C'est à ce système bâtard, condamné, que les libéraux sacrifient la monarchie légitime, parce qu'il est de la nature de celle-ci de restreindre la liberté du mal, et dans ce moment décisif, sacrifier la monarchie, c'est jeter la France dans les convulsions de l'anarchie et des guerre civile. C'est faire un acte coupable et antipatriotique.

Chose étrange ! les chefs de ce libéralisme sont presque tous des gentilhommes, c'est-à-dire des hommes de l'autorité, défenseurs nés de la monarchie légitime, créés pour ce noble ministère. Ils en portent avec orgueil le blason et les titres. Aux yeux de l'Europe, ils viennent de trahir leur Roi et la France. La pudeur leur impose le devoir de biffer leurs titres et de passer sur leur blason le badigeon révolutionnaire, Alors, à leur aise, ils pourront, sans trop rougir, rester accrochés à toutes les usurpations ou se voir engloutir, sans se plaindre, dans le gouffre de l'anarchie. Mais l'histoire enregistrera dans ses annales les plus sombres que les libéraux, par l'absence de principes divins et sociaux et par les divisions qui en sont la suite, ont précipité la France dans des malheurs inénarrables, lorsque le principe de salut s'offrait à eux.

VII

Tous les esprits honnêtes justement anxieux sur l'avenir de la France se demandent pourquoi une immense majorité dans la Chambre des députés, amie de la France, de l'ordre, et résolument monarchique ne tranche pas le nœud gordien de la situation. Pourquoi l'astuce si manifeste du Président de la République provisoire a le privilége d'aggraver les malheurs et les périls de la patrie ? Pourquoi une sénile ambition qui réjouit les ennemis du dedans et du dehors peut se maintenir en ouvrant toujours plus large le gouffre où doivent infailliblement s'engloutir la paix, les richesses et l'honneur de la patrie ? La réponse est unanime et universelle : La division est la cause unique du mal qui nous dévore. L'habile et insolent Président de la République a médité toute sa vie cette maxime de Machiavel : diviser pour régner. Il l'exploite excellemment, et il est si certain de son succès qu'il en abuse avec une sorte de cruauté. Le spectacle en est révoltant. La majorité voudrait, et c'est son droit, des ministres conservateurs et honnêtes, et le Président lui inflige des ministres révolutionnaires, athées, déclarés et couverts du mépris public. Qui ne connaît les Jules et d'autres ? La majorité voudrait des hommes d'ordre à la tête des administrations publiques, et le Président nomme des conspirateurs et des partisans de l'émeute. La majorité voudrait la France représentée à l'étranger par des hommes dignes, habiles et rompus aux affaires, et le Président remplit les consulats et les ambassades d'hommes d'une honorabilité compromise et d'une nullité arrogante qui nous fait mépriser.

D'autre part, si la majorité ose insister pour avoir un avis dans les questions gouvernementales, le Président l'insulte en face et lui dit carrément que son incapacité est à la hauteur de son courage, et qu'elle ne compte pas dans ses rangs un homme sérieux avec lequel il puisse traiter une question sérieuse.

Ainsi tous les droits de la majorité consistent à applaudir toutes les visées du Président et à ratifier toutes ses volontés. Jamais pacha ne fut plus capricieux, plus hautain, plus despote que M. Thiers révolutionnaire et Président de la République, et jamais valet ne fut plus humilié et plus soumis que la majorité de l'Assemblée. La platitude d'un côté et la morgue de l'autre sont arrivées à ce degré que si M. Thiers ne craignait pas d'être débordé par les radicaux, il ordonnerait à l'Assemblée de se dissoudre et on verrait celle-ci se suicider de bonne grâce. Toutefois, je le dis avec pleine conviction, rien n'est à craindre sur ce point de la dissolution, malgré les menaces, les manœuvres et les clameurs du radicalisme. Thiers n'a pas perdu la tête, l'habile président veut garder la présidence et la majorité. Telle qu'elle est, elle est nécessaire à son ambition. L'Assemblée nationale ne sera donc pas dissoute, elle sera conservée par la grâce de M. Thiers. Mais l'Europe sera témoin du spectacle le plus écœurant. La majorité deviendra le jouet des caprices politiques de M. Thiers qui en fera sa chose, sa machine, et quand il le voudra sous le fouet de ses caprices il la fera sauter pour le roi de Prusse jusqu'à ce que l'humiliation soit complète et que tout le monde voie l'aplatissement de caractère, le néant des convictions politiques et la radicale impuissance que produit le libéralisme.

Qu'on ne se fasse pas illusion, car je ne trace pas ici un tableau fantaisiste; cent fois nous avons vu l'abdication de la majorité sous les caprices de M. Thiers. Nous l'avons vue se déjuger sur l'ordre de M. Thiers, comme nous l'avons vue voter comme M. Thiers ordonnait que l'on votât. Enfin elle a désespéré nos espérances.

Qu'on ne s'y trompe pas, j'ai hâte de le dire.

Lorsque je parle de la majorité de l'Assemblée, mon esprit, mon cœur et ma plume n'ont en vue et ne peuvent avoir en vue que les seuls libéraux, car seuls ils sont coupables des malheurs et des abaissements continus que nous subissons. J'aime, j'honore et j'admire ces grands caractères, ces nobles cœurs, ces hommes de convictions et de principes qui ne séparent pas Dieu de la société, ni la justice des événements, ni l'honneur de la patrie, ni le droit des intérêts. Je le dis à leur gloire, à l'honneur de la France, ces hommes sont les légitimistes et ils sont tels parce qu'ils possèdent les principes divins et sociaux, les principes éternels de l'ordre et de la justice, les principes seuls conservateurs de la morale et des intérêts publics. La dignité de leur tenue politique, la beauté de leur caractère, la fermeté de leurs convictions et l'incomparable honnêteté qui les environne forcent les hommages de tous et même de leurs ennemis. La Providence a choisi ces jours d'angoisses et d'effacement universel pour faire ressortir le contraste si grand qui existe entre les légitimistes gardiens de l'honneur et des principes qui sauvent les sociétés, et les libéraux sans principes adorant tous les usurpateurs et perdant leur patrie. Oui, les libéraux perdent la France, et leur attitude présente démontre la vérité trop évidente de cette grave accusation. Ils sont sans principes, et voilà pourquoi ils flottent au gré de tous les souffles révolutionnaires sans pouvoir se fixer. Ils sont sans caractère parce que tout appui manque à leurs vues politiques et parce qu'ils ne trouvent en eux-mêmes aucun point de résistance ni contre le despotisme ni contre les audaces démagogiques. Voilà pourquoi n'ayant aucun centre de vérité sociale ils s'attachent à tous les usurpateurs, qui aux Bonaparte, qui aux d'Orléans, qui même à la République. De là cette division fatale qui entretient la crise révolutionnaire, enhardit l'audace démagogique et doit nous faire aboutir fatalement à des convulsions sociales comme aucun siècle n'en a vu.

Par l'action incessante du libéralisme l'esprit public a été perverti du haut jusqu'au bas de l'échelle sociale. Tous les principes d'autorité ont disparu et la France est livrée à toutes les négations, à toutes les convoitises, elle est préparée à tous les bouleversements et à tous les excès. Le libéralisme a fait la société à son image. Ses divisions empêchent la restauration du seul Pouvoir qui peut nous sauver, et les divisions de l'esprit public empêchent le retour à l'ordre et à la vérité sociale. Par une conséquence inéluctable les divisions du libéralisme produiront des révolutions dans l'Etat, et les divisions de l'esprit public produiront des commotions sociales. Partant des mêmes théories, c'est-à-dire de l'absence de toute autorité, le libéralisme aura nécessairement la fin du protestantisme. Le protestantisme est arrivé à l'athéisme, le libéralisme aboutira à l'anarchie.

VIII

Il n'est pas que les athées, les déistes et les libéraux qui détruisent les principes constitutifs de la société, ceux-là, en niant la société divine, son type et son principe, ceux-ci en faisant abstraction complète de l'ordre divin dans ses rapports avec l'ordre social. Il y a une secte plus radicalement destructive du monde divin et du monde humain et par suite du monde social. Secte qui s'étend comme un cancer sur une grande partie de la France et dévore jusqu'à la racine tous les germes d'une vie sociale. On l'a deviné : C'est le matérialisme.

Les matérialistes sont naturellement dépourvus de toutes notions surnaturelles, mais un instinct de destruction les a dirigés contre l'essence même de la grandeur humaine et de la grandeur sociale. Ils ont nié le premier terme de l'humanité, c'est-à-dire l'âme qui est la vie et le Pouvoir dans l'homme. Sans doute le bon sens, le sens intime et la protestation universelle les forcent à confesser les réalités spirituelles de la pensée et du sentiment, mais ils refusent de reconnaître à l'âme une existence propre, indépendante du corps, subsistant par elle-même et produisant tous les phénomènes intellectuels et moraux. Ils osent affirmer que la pensée, les élans du génie et les dévouements jusqu'au sacrifice de soi pour Dieu, pour la vertu, pour la patrie, toutes choses en dehors des sens, et contre les sens, ne sont que le produit naturel des sécrétions variées du cerveau; comme si le cerveau pouvait produire autre chose que sa nature, c'est-à-dire la matière, ou comme si la nature pouvait produire des phénomènes contraires à son essence qui la torturent et la détruisent !

Pauvres cerveaux et pauvres philosophes ! ils rejettent avec horreur Dieu et les miracles et ils ne balancent pas à se constituer plus puissants que Dieu, auteur de la nature, et dans ses œuvres mêmes ils prétendent opérer des prodiges contre nature. Dieu veut manifestement que tout être engendre des êtres semblables : que le spirituel produise l'esprit, que le matériel produise la matière, que l'espèce donne le fruit de son espèce. C'est la loi invariable et universelle qui s'accomplit dans tous les êtres créés : et il faut bien en convenir, cette loi est rationnelle et digne d'un créateur intelligent et non capricieux : et voilà que par un effort prodigieux de déraison ou plutôt de folie, les matérialistes exigent que, trompant sa nature, la matière produise l'esprit. Non, je l'affirme, ce n'est pas sans grave motif que l'homme se jette dans ces excès d'extravagances !

Incontestablement il y a une raison à ce délire, et il est facile de la reconnaître. Les matérialistes ont peur de Dieu dans le ciel, dans la conscience humaine et dans la société. Ils ont voulu d'un seul coup annihiler sa justice et sa puissance en lui arrachant l'objet même de sa justice, c'est-à-dire l'âme intelligente, libre, et par conséquent responsable de ses actes. La dégradation ne les a pas arrêtés. Plutôt que de rester enfants de Dieu, ils se sont précipités dans l'animalité irresponsable. Là, du moins, il n'y a plus de Pouvoir divin qui impose des hiérarchies sociales et commande des devoirs sociaux. Il n'y a plus de Pouvoir humain qui contrarie les penchants, qui réprime les passions et qui affirme une justice éternelle et inévitable. Oui, sans Dieu, sans âme, c'est-à-dire sans Pouvoir d'aucune sorte, la resposabilité morale disparaît totalement et à jamais. Alors les peuples sont libres et contre tout Pouvoir l'insurrection est le plus saint des devoirs. Alors l'homme est libre. Il est libre d'une liberté absolue comme le tigre dans les déserts ou comme le pourceau dans sa fange.

Cet horrible état de dégradation est le juste châtiment de la négation des œuvres divines et de la violation des lois de l'ordre que Dieu a établies dans la nature. Entre le matérialisme niant Dieu, Pouvoir divin, niant l'âme, Pouvoir humain; niant un chef, Pouvoir social, et l'homme religieux, moral, affirmant ces trois Pouvoirs qui se résolvent dans une magnifique unité, il existe un contraste qui tranche la question d'une manière absolue et avec évidence pour tous.

Dansles principes éternellement vrais que nous avons exposés et qui constituent la nature divine avec la trinité des personnes, la nature humaine avec la trinité de ses facultés, l'ordre social avec la trinité de ses termes hiérarchiques, Dieu est Dieu dans toutes les magnificences de son être et avec tous ses droits de créateur, de conservateur et de Père. L'homme possède toute sa dignité d'enfant de Dieu, réflétant dans tout son être l'image de Dieu avec ses sublimes destinées d'adoration, de reconnaissance et d'amour obéissant. Et la société se mouvant dans la hiérarchie de ses termes constitutifs devient la réalisation ou le reflet de l'ordre humain et de l'ordre divin dans la paix et le bonheur.

Au contraire, dans la négation de ces principes, Dieu, s'il existe, crée tous les êtres comme un homme imbécile sans aucun rapport avec sa créature, ne posant sur elle aucun cachet de lui même, moins habile que le génie qu'il a fait, car celui-ci laisse toujours sur ses œuvres le sceau de lui-même. L'homme est livré sans règle et sans frein à toutes les divagations de son esprit et à toutes les fureurs de ses concupiscences, avec moins de raison et de dignité que l'animal, car celui-ci ne dépasse pas les instincts de sa conservation et l'homme s'use et se tue dans l'infamie. La société, sans cesse agitée par les vents, les flots et les tempêtes des passions, ne parvient jamais au port de la paix, parce qu'elle est sans Pouvoir qui la dirige et sans autorité qui la modère. A chaque heure elle est à la merci des forbans, des usurpateurs qui sont toujours des tyrans.

Ces contrastes saisissants ne peuvent laisser aucun doute sur la vérité et la nécessité des principes que nous avons établis et sur les conséquences lamentables de leur absence ou de leur négation. On le voit, ces conséquences sont applicables aux systèmes des athées, des déistes et des libéraux aussi bien qu'aux systèmes des matérialistes. Les uns et les autres repoussent ou ne comptent pour rien l'objectif divin, c'est-à-dire le Pouvoir divin dans ses rapports avec le Pouvoir humain et le Pouvoir social, et ils aboutissent aux mêmes résultats.

Il est donc évident pour tous que notre belle et glorieuse France, après tant de siècles de grandeur, de prépondérance et de civilisation ne s'est affaissée dans la honte, dans l'anarchie et dans la barbarie et n'a péri que par les négations. Elle ne se relèvera et ne vivra que par les affirmations contraires.

IX

Par la négation théorique ou pratique de la société divine ou de la trinité en Dieu, les systèmes politiques des athées, des déistes, des libéraux et des matérialistes détruisent la nature de la société et jettent dans son sein tous les germes de destruction et de ruines.

Le Pouvoir, premier terme de la constitution sociale, répondant au premier terme de la trinité divine et son image, doit avoir dans sa nature même des attributs inhérants au but de sa création et au ministère qu'il doit remplir. L'auteur si admirable et si profond de la législation primitive a dit avec une grande autorité : La religion est la raison de toute société puisque en dehors d'elle on ne peut trouver la raison d'aucun Pouvoir ni d'aucuns devoirs. Ailleurs il dit : La société civilisée n'est autre chose que la religion qui fait servir la société politique à la perfection et au bonheur du genre humain. Et encore : La constitution du Pouvoir politique a sa raison dans la religion qui nous le représente comme le ministre de Dieu pour le bien.

Pour répondre à sa constitution divine, le Pouvoir devra donc refléter Dieu, c'est-à-dire l'ordre éternel, la verité et la justice divines. Il devra donc reconnaître Dieu son auteur, les conditions de son existence qui sont la vérité et la justice, le but de son institution, la paix et le bien. Aussi, pour être et rester Pouvoir, le chef de la société doit reconnaître et proclamer la source de son autorité et se conformer extérieurement à la règle sévère de la justice envers Dieu et envers tous les membres de la société, car il est principalement Pouvoir pour l'action extérieure et sociale. En d'autres termes, le Pouvoir est le représentant et l'organe de Dieu pour faire concourir toutes les volontés non-seulement au bien relatif comme l'ordre matériel, le respect des lois et du bien d'autrui, mais au bien général et supérieur, c'est-à-dire aux volontés de Dieu qui renferment toute justice et tous les devoirs religieux et civils, domestiques et sociaux. En un mot, donnant son concours à l'autorité religieuse, il doit accomplir l'unité de pensée, de sentiment et d'action de la famille sociale sous la suprême paternité divine. Tel est évidemment le but sublime et final de la création, la raison et la mission du Pouvoir dans la société. On voit par là toute l'importance, toute la majesté et toute la responsabilité du Pouvoir social. Cette noble et grande mission est si manifestement et si essentiellement dans la nature du Pouvoir que, s'il la faussait gravement ou s'il la violait obstinément, en imposant l'erreur ou l'injustice, il serait en contradiction avec son principe et sa fin, il cesserait par là même d'être Pouvoir, son autorité serait radicalement nulle. Les affirmations sont ici sans réplique possible ; car en parlant des princes impies et oppresseurs des peuples, Dieu dit, par le prophète Osée : « Ils ont régné, mais je ne les ai pas reconnus. *Ipsi regnaverunt, sed non ex me.*

Il ressort de cet exposé que le Pouvoir, premier terme de la société et corrélatif à l'ordre divin, doit être le représentant de l'autorité de Dieu et l'organe visible et sensible de ses volontés avec la mission de les faire exécuter dans la société.

Il ressort que le Pouvoir, fidèle à sa mission est sacré comme la chose la plus sacrée du monde et le renverser et le détruire dans sa personnification sociale est un crime de haute trahison et de lèse société.

Il ressort que celui qui prendrait sa place ne pourrait être qu'un intru, un usurpateur sans droit et sans autorité.

Il ressort enfin que le Pouvoir infidèle à sa mission de bien et de justice perd toute sa puissance dans le commandement du faux et de l'injustice et provoque sur lui le châtiment divin.

Mais qui tranchera la question d'infidélité? Question colossale, insoluble en dehors de Dieu. Les révolutionnaires la tranchent par cette maxime : L'insurrection est le plus saint des devoirs. Mais par l'insurrection qui renverse tous les principes sociaux et engendre des calamités et des malheurs inénarrables ; ils ne résolvent pas la question, ils aggravent le mal social. D'ailleurs le peuple n'a aucune compétence pour juger et punir le Pouvoir. Il est contre nature que l'inférieur juge le supérieur. L'instinct même de l'ordre et de l'équité repoussent ce jugement, et cette règle de subordination et de justice s'observe invariablement sur tous les degrés de l'échelle sociale ! Dans la société domestique, lorsque le père, Pouvoir, devient oppresseur ou destructeur de la famille, les enfants ne sont jamais les juges des pères. Non, certes, mais un Pouvoir supérieur à celui du père, le Pouvoir social s'interpose et prononce l'arrêt. Le sens commun et les règles de la justice interdisent donc au peuple, enfant dans la société, de juger et de punir le chef, le Pouvoir, le père dans la société.

Qui donc jugera le Pouvoir social, il n'y a pas d'autorité supérieure à la sienne, il ne relève que de Dieu. Sa Majesté est si grande, sa dignité si élevée, sa puissance si étendue qu'aucune autorité humaine ne saurait l'atteindre. Dans les siècles de civilisation chrétienne où les principes sociaux étaient reconnus et proclamés par tous, les plaintes des peuples et les excès du Pouvoir trouvaient un juge naturel, supérieur, désintéressé, incorruptible : c'était l'autorité divine de l'Eglise. Les rois et les peuples en appelaient avec confiance à ce tribunal suprême. Les rois et les peuples étaient jugés, l'ordre et la paix étaient conservés. Depuis qu'infatués de leur puissance, les souverains ont récusé ce tribunal incorruptible, la société est entrée dans les funestes périodes de despotisme et d'insurrection. Le tribunal de paix et de bonne entente rejeté, il a fallu l'intervention du juge suprême, de Dieu, qui chatie le Pouvoir prévaricateur et injuste en brisant sa puissance par les révolutions et qui chatie les peuples par les calamités sociales. L'histoire est pleine de ces vérités effrayantes.

Concluons. Le Pouvoir, image de Dieu et exécuteur de ses volontés sur les peuples, porte en lui une majesté et une puissance incomparables ; mais il porte aussi une responsabilité redoutable qui ne saurait échapper à la justice de Dieu. Effrayés par les prétentions et les licences révolutionnaires, les libéraux ont voulu sauvegarder le Pouvoir social. Remplaçant son auréole divine dont on l'avait dépouillé par une auréole mystérieuse de silence et d'inaction, ils l'ont posé dans un nuage de majesté invisible et l'ont proclamé inviolable. Ils ne soupçonnaient pas que la justice de Dieu formait dans ce nuage même la foudre qui devait le frapper.

X

Dans les œuvres de Dieu la perfection se manifeste partout; elle doit donc resplendir daus le Pouvoir, l'œuvre la plus noble de la création, puisque le Pouvoir est le reflet le plus splendide de l'ordre éternel et de la puissance infinie. La fin du Pouvoir social doit donc répondre à la grandeur et à l'importance de son origine.

A considérer le Pouvoir dans sa puissance la plus élevée et la plus générale, sa mission consiste, sans nul doute, à réunir, à concentrer les intelligences et les volontés dans la sphère du vrai, du bien et du juste, et à les faire concourir à la réalisation, sur la terre, des pensées et de la volonté de Dieu, c'est-à-dire que la fin du Pouvoir est de produire l'unité de pensées, l'unité de sentiments et l'unité d'action, ou l'unité générale pour la glorification de Dieu et pour le bonheur des peuples.

Toutefois, depuis la déchéance originelle, depuis que la nature viciée par le péché a été le théâtre des révoltes intérieures, depuis que les passions impatientes du joug tendent sans cesse à briser les barrières du vrai, du juste et de l'honnête, le Pouvoir a dû prendre un caractère plus accentué de mission autoritaire et répressive, et il est devenu comme la représentation vivante de la justice qui commande et châtie. En effet, l'idée du Pouvoir emporte dans tous les esprits les idées de commandements, de justice et de répression.

Il serait intéressant au plus haut degré d'étudier, au point de vue de ces pensées, les concordances providentielles qui existent entre ce Pouvoir d'autorité sévère et notre nature déchue, viciée, entre sa justice inflexible et notre besoin d'obéissance et d'expiation. Il n'est douteux pour personne que les luttes entre l'esprit et la chair, entre les passions et la raison, entre lesconvoitises et la justice sont perpétuelles, et tout le monde reconnaît qu'une autorité sévère est indispensable pour maintenir l'ordre et la paix dans l'individu et dans la société. C'est par la révolte de l'esprit et de la volonté que l'homme s'est soustrait à l'autorité divine en violant la loi dont l'accomplissement devait faire la paix, le bonheur, l'immortalité, et c'est par une obéissance de chaque instant à un Pouvoir sévère qu'il fera à Dieu réparation d'honneur et qu'il jouira de l'ordre et de la paix. Magnifiques harmonies qui donnent la vraie raison du Pouvoir , qui ennoblissent et divinisent l'obéissance.

Les athées, les déistes, les libéraux, les matérialistes le nieraient en vain. Tous les hommes, soit par raison, soit par un instinct invincible, reconnaissent qu'entre le Pouvoir qui les gouverne et le Pouvoir divin dont il émane, il existe des rapports nécessaires dérivant de leur nature. Ils reconnaissent que si un membre de la société a des devoirs à remplir envers le Pouvoir et envers Dieu, l'homme supérieur qui est revêtu de l'autorité doit en avoir de plus grandes encore en raison de sa plus grande responsabilité et de l'influence qu'il doit exercer. Quelles sont donc les conditions de l'existence du pouvoir? C'est évidemment de faire régner l'ordre, la paix dans la société, de favoriser son bien-être, sa conservation et ses progrès dans le bien. Or, la raison démontre et l'expérience prouve qu'il n'y a de paix, de bonheur et de progrès possible pour la société que dans la reconnaissance publique des droits de Dieu, dans la justice sanctionnée du ciel et dans les mœurs, fruits de vertu.

Il y a donc une obligation naturelle et sociale pour le Pouvoir de reconnaître et de proclamer les droits de Dieu et son autorité suprême, de promulguer des lois qui émanent de la justice éternelle, et de châtier, au nom de Dieu, les écarts des passions. Placé, comme il est, dans les sphères supérieures de la puissance invisible et presque inaccessible au vulgaire, tout, dans le Pouvoir, doit être et paraître divin. En effet, comment les peuples honoreraient-ils sa puissance si, lui-même, ne la fait descendre du ciel et ne la proclame pas divine ?

Comment rendra-t-il la justice et maintiendra-t-il les mœurs pures si la raison unique de la justice et des vertus, c'est-à-dire Dieu, n'est pas reconnue ? C'est une vérité de raison et d'expérience que, pour être contenues, les passions ont besoin de voir au-dessus d'elles une puissance surhumaine qui commande et châtie. Tous les législateurs de l'antiquité l'avaient bien compris. Ils savaient que cette vérité est tellement essentielle pour conduire les peuples et s'en faire obéir, que tous ont fait descendre leurs lois du Ciel dont ils se faisaient ouvertement les ministres. Et en cela, ils étaient plus dans la vérité qu'ils ne pensaient peut-être. Voilà pourquoi Voltaire a répété de l'un d'eux cet axiome si profond et tout à la fois si plein de bon sens et de raison :

Mon empire est détruit si l'homme est reconnu.

Telles sont les exigeances du Pouvoir du côté de Dieu et du côté des peuples que l'homme qui en est revêtu est obligé de se proclamer ce qu'il est en réalité, représentant de Dieu, mandataire de Dieu, sous peine de tomber sous le châtiment divin et sous le châtiment populaire, c'est-à-dire de subir une double déchéance. Il y a quarante ans, une prince félon, usurpateur, voulut se consolider sur un trône usurpé en reniant l'origine et la mission divines du Pouvoir. Il s'intitula roi par la grâce du peuple, il appela à gouverner avec lui tous les négateurs de l'intervention divine dans le gouvernement des sociétés. Les premiers de tous furent les libéraux, et les libéraux, qui osent tout, osèrent proclamer, en pleine représentation nationale, que l'Etat est athée et doit l'être. Le règne fut désastreux par ses bassesses répétées, par ses rapines audacieuses et par ses immoralités scandaleuses. La nation fut promptement corrompue jusque dans ses entrailles, et bientôt le peuple brisa le trône et chassa du sol français ce roi maudit et méprisé.

Le même châtiment est infailliblement réservé à tout Pouvoir qui échange son auréole divine contre l'auréole populaire. Dieu venge ses droits.

XI

En présence des faits éclatants de la nature humaine et de l'histoire, il est impossible de ne pas reconnaître que les croyances et les mœurs constituent les sociétés et en font la fixité et le bonheur. Les faits contraires, écrits en caractères de sang dans les annales des peuples, placent cette vérité au-dessus de toutes les négations et de tous les sophismes. On le dit chaque jour, et même les plus fameux impies l'affirment, il faut une religion dans les sociétés. Jamais aucun Etat, dit J.-J. Rousseau, ne fut fondé que la religion ne lui servît de bases. Nous ne citerons que deux exemples d'un Etat arrivé par les croyances et les mœurs à l'apogée de la civilisation et de la gloire, et parvenu par l'absence des croyances et des mœurs au dernier degré de la barbarie et de la honte.

Le premier exemple est celui de l'empire romain. Il arriva, en effet, une époque où ce gigantesque empire, gorgé de triomphes, de conquêtes, de richesses, de plaisirs et d'orgueil, prêta l'oreille à une flatteuse philosophie qui lui persuada que sa puissance était au-dessus de la puissance de tous les dieux de l'Olympe, qu'il n'avait plus besoin de ces dieux ni de leurs temples. Le peuple se prit à rire de la Divinité et de son culte. Bientôt les croyances tombèrent de tous les esprits même sensés ; le surnaturel disparut, les passions brisèrent tous les freins et l'empire tout entier ne fut plus qu'une orgie universelle dans laquelle vinrent s'engloutir l'austérité, l'énergie, le caractère, la liberté, la gloire, la conscience et jusqu'au sens moral. On a pu dire avec pleine raison que l'impiété, le luxe et la débauche avaient vengé le monde de la conquête des Romains. De cè fait gigantesque qui projette une immortelle lumière sur les annales des nations il est nécessaire de conclure la nécessité absolue des croyances et des mœurs comme fondement et appui de toute société.

Tous les cœurs français gardent le souvenir de cette lamentable époque où des hommes en délire et une population ivre d'impiété et de vices proclamèrent la déchéance de Dieu, du maître souverain du ciel et de la terre, et lui substituèrent sur les autels souillés et brisés de Jésus-Christ, la déesse raison, symbole vivant et infâme de la prostitution. Alors le soleil éclaira le spectacle le plus lugubre et le plus hideux que les siècles aient vu, c'est-à-dire un peuple sans Dieu, sans croyance et sans mœurs. Tous les temples profanés, ou démolis, ou transformés en écuries ; les monastères saccagés et détruits ; les pontifes, les prêtres, les religieux massacrés ou poursuivis comme des bêtes fauves ; les châteaux pillés, démolis où incendiés ; les nobles, les riches, les gens honnêtes jetés dans les cachots, massacrés par milliers ; la guillotine perpétuellement dressée et fonctionnant sur tous les points le jour et la nuit ; partout la terreur, le brigandage et la misère. La France tout entière allait s'effondrer dans un abîme irrémédiable et sans fond, si le tigre qui la tenait dans ses griffes sanglantes n'avait pas proclamé l'existence de l'Etre suprême. L'absence des croyances démontra à jamais toute leur nécessité pour la paix, le bonheur et le salut des nations. En peu de temps, du peuple le plus spirituel, le plus civilisé et le plus honnête du monde, l'absence de croyances avait fait le peuple le plus stupide, le plus sauvage, le plus cruel et, j'oserai le dire, le plus canaille de la terre. Incontestablement la première mission du Pouvoir est donc de reconnaître les croyances, et non seulement de les reconnaître, mais de les protéger et d'en favoriser l'expansion.

Toutefois, règle des mœurs, les croyances ne sont pas de création humaine. Leur objet est éternel, il est en Dieu et de Dieu, Dieu l'a révélé à sa créature pour sa direction spirituelle, morale et sociale. Par conséquent les croyances n'appartiennent et ne peuvent pas appartenir comme son œuvre au Pouvoir temporel, social. Elles sont l'apanage exclusif du Pouvoir religieux établi directement de Dieu. D'autre part, les croyances étant divines et la règle unique et inflexible des mœurs doivent participer de l'immutabilité de Dieu même. Elles ne peuvent être livrées à l'interprétation particulière, aux caprices des passions. Voilà pourquoi, au-dessus de toute puissance humaine, Dieu a établi une autorité souveraine, divine, non pas locale, nationale, mais universelle : elle est son organe toujours vivant, elle est visible, manifeste à tous les regards, elle brille comme le soleil dans le monde entier, c'est l'Eglise de Jésus-Christ. Elle renferme la vérité complète. Tout ce que les sectes ont conservé de vrai, de bien et de bon en se séparant de sa vie, elle le possède en entier et à un degré divin. C'est elle qui pose, enseigne et sanctionne tous les principes spirituels, moraux et sociaux : tous les devoirs et tous les droits du Pouvoir, de la souveraineté ; tous les droits de liberté ; tous les devoirs de subordination, de justice et de fraternité dans l'humanité sociale. C'est elle et elle seule qui fait l'unité des esprits, l'unité des mœurs, l'unité des volontés pour la paix, le bien et le bonheur de tous. Et c'est bien là le but final de la société des hommes sur la terre.

Le Pouvoir doit donc reconnaître l'Eglise de Jésus-Christ, l'honorer dans sa puissance divine, la protéger dans ses doctrines et dans son culte et la favoriser dans son action civilisatrice pour maintenir les croyances et les mœurs, dans la vérité, la justice et l'honnêteté qui sont les bases de l'ordre social.

Sortir de ces principes proclamés par la religion, par la raison, par l'histoire, par l'adhésion du genre humain, c'est tomber d'abîme en abîme, poursuivant dans sa chute tous les degrés de l'erreur et de l'absurde. C'est consacrer l'esclavage, l'arbitraire et la tyrannie, ou bien c'est fomenter la révolte et l'insurrection avec le cortége inévitable des haines, des dévastations, du sang et des carnages. C'est inaugurer l'ère des dictatures avec l'infaillible succession des soulèvements populaires et de l'anarchie. N'est-ce pas là l'histoire ancienne et l'histoire moderne et même contemporaine ? Si cet état de société pouvait continuer, ce serait sans nul doute le vaste et inévitable tombeau des croyances, des mœurs et par conséquent de la société elle-même.

XII

Nous avons dit l'origine, la nature et la mission du Pouvoir dans la Société. Il vient de Dieu, il est l'image du Père dans la trinité sainte. Comme le Père est le principe de la société divine, le Pouvoir social est le principe de la vie de la société humaine. Il ne relève que de Dieu, car il ne connaît pas de supérieur étant lui-même au-dessus de tous. Dieu l'a créé pour conduire les peuples à leur fin sous l'infaillible direction de l'autorité divine qui fixe les croyances et dirige les mœurs, bases de toute société. Le Pouvoir proclamera donc les droits de Dieu et fera servir sa puissance à l'exécution de ses volontés qui sont le bien et la justice. Sublime mission qui l'associe à la paternité divine, qui le fait concourir au bonheur et à la glorification de l'humanité, qui divinise la puissance sociale, qui élève et ennoblit l'obéissance.

On défie tous les libres penseurs, les libéraux et les révolutionnaires de contester l'élévation, la rationabilité et les grandeurs de ces doctrines théologico-sociales. On les défie de produire un système qui se rapproche de cette création divine, qui fasse honorer le Pouvoir de cet honneur que lui attribuent et lui reconnaissent tous les peuples de la terre, qui ennoblisse l'obéissance au dregré divin et qui assure aussi certainement la paix et le bonheur des nations.

Tout ce que les philosophes et les génies de tous les siècles ont pu inventer sur le Pouvoir en dehors de Dieu n'est pas même une contrefaçon de l'œuvre divine. Ce sont des systèmes dans des nuages pleins de tempêtes ; systèmes dans lesquels on ne trouve ni la raison légitime du commandement, ni la raison de l'obéissance. Systèmes qui renversent la nature des choses et des êtres, qui consacrent le despotisme toujours et conduisent rationnellement et infailliblement à l'anarchie, comme le reconnaît Proudhon, le plus logicien parmi les révolutionnaires. Le temps est venu d'infliger le stigmate de l'erreur à quelques-uns de ces systèmes.

Selon une expression antique les hommes se laissent toujours piper par des mots, et les mots qui caressent la fibre de l'orgueil et de la révolte possèdent cette puissance au suprême degré. Telle est la souveraineté du peuple. Parole retentissante, mais complètement vide et mensongère. Or, j'affirme que non-seulement le peuple n'est pas souverain, mais qu'il ne peut pas l'être. *A priori*, le peuple est impuissant à changer la nature des choses. Or, dans l'essence et l'existence de toute société le peuple occupe toujours et nécessairement le troisième et dernier rang. Sa nature même l'exige ainsi.

La société civile ou politique n'est pas autre chose qu'une réunion plus ou moins considérable de familles vivant sous la même autorité et sous les mêmes lois et contribuant au bien commun. C'est une grande famille organisée avec les mêmes éléments et aux mêmes conditions que la famille particulière. Comme dans la famille il y a le père, pouvoir, autorité; la mère, lien d'union, intermédiaire, et l'enfant, dernier terme soumis aux deux premiers; ainsi dans la société il y a pouvoir, ministre, sujet, absolument la même hiérarchie et les mêmes attributs respectifs. Le sujet ne peut pas plus être Pouvoir dans la société que l'enfant ne peut être Pouvoir, autorité dans la famille. Il est à remarquer qu'il y a un avantage considérable en faveur de celle-ci qui ne saurait se trouver dans l'autre. C'est que l'enfant dans la famille croît, se développe, arrive à la maturité de l'âge et devient apte à fonder une famille nouvelle, tandis que le sujet dans la société se renouvelle sans cesse et reste toujours dans l'enfance, c'est-à-dire sujet. Il est donc incontestable à priori que le sujet n'est pas et ne peut pas être souverain ou Pouvoir dans la société. Ce serait la pyramide sur sa pointe.

Il est étrange que dans un pays spirituel et logique comme notre France, tous les esprits n'aient pas aperçu la frappante anomalie que renferme la souveraineté du peuple, erreur capitale et visible aux regards de toutes les intelligences. Car enfin, qu'est-ce qu'une souveraineté frappée d'impuissance radicale dans son principe même ? Ceux qui proclament le peuple souverain, proclament aussi que ce peuple est dans la nécessité absolue de se nommer un Pouvoir quel qu'il soit, Roi, Empereur, Président, par la raison singulière qu'il est incapable de se gouverner et de s'administrer lui-même. Dieu aurait donc créé inutile et impossible l'œuvre la plus grande de sa sagesse et de sa puissance, c'est-à-dire le Pouvoir, la Souveraineté. Tous les sophismes des révolutionnaires se briseront à jamais contre cette seule pensée. La souveraineté du peuple est une injure gratuite faite au créateur infiniment intelligent et sage.

Ce n'est pas tout : Toute souveraineté suppose essentiellement un objectif et un subjectif sur lesquels elle s'exerce ; or, la souveraineté du peuple n'a et ne peut avoir ni l'un ni l'autre. De qui ou de quoi le peuple serait-il souverain ? De soi-même ? Ce serait une contradiction dans les termes ; on n'impose des lois, on n'intime des ordres qu'à un inférieur et le peuple ne peut pas être à la fois son supérieur et son inférieur. Les prôneurs aveuglés de la souveraineté du peuple ne sortiront jamais de ce labyrinthe de contradictions et d'mpossibilités.

D'ailleurs encore, le souverain est toujours sensé devoir dominer ses inférieurs par son éducation, son intelligence des hommes et des choses, par ses connaissances variées, par sa sagesse et par ses vertus : Or le peuple, par sa position même, par les conditions de sa vie et par ses habitudes est essentiellement ignorant sur toutes les questions sociales, il est irréfléchi et passionné. Toutes les qualités de souverain lui manquent à la fois. J'ajoute que la nature, plus forte que tous les sophismes, oblige le peuple à cette infériorité parce qu'il est le dernier terme dans la constitution sociale et qu'il doit être gouverné au lieu de gouverner les autres. Pourquoi donc ce dogme nouveau et absurde de la souveraineté du peuple a-t-il été inventé ?

Ah ! les révolutionnaires savent très bien qu'en faisant miroiter aux yeux du peuple ce mot magique de souveraineté ils excitent l'orgueil, les convoitises et toutes les passions des masses humaines, ils préparent le plus terrible instrument de destruction pour l'heure de la révolution qui doit les porter au Pouvoir.

Je ne saurais me dissimuler qu'en établissant les principes de la souveraineté et les résultats de leur négation, je heurte de front toutes les pensées et toutes les espérances des révolutionnaires, voire même les préjugés de beaucoup d'hommes honnêtes et conservateurs mais irréfléchis. Toutefois la vérité possède une force inéluctable que les passions ne peuvent briser sans tomber dans des abîmes. Or, c'est là que notre malheureuse France se débat dans les angoisses. Elle ne rentrera dans l'ordre, dans la paix et dans la vie nationale que lorsque la société sera replacée sur ses bases naturelles et que le Pouvoir souverain occupera la place que Dieu lui a assignée dans la constitution sociale.

Nous avons dit que faire miroiter aux yeux du peuple les splendeurs et les priviléges d'une souveraineté qui ne lui appartient pas et le flatter d'une toute puissance qu'il ne peut exercer, était un crime social. L'expérience ne laisse aucun doute sur ce point. Il est incontestable que le peuple ne fait jamais les révolutions par vertu ni par dévouement à la chose publique, mais il sert d'instrument aveugle et docile aux ambitieux et aux bandits hauts et bas placés sur l'échelle sociale. Ceux-ci donnent l'impulsion et le reste suit. En faisant briser les trônes, tuer les dynasties ou changer la forme des gouvernements, les ambitieux n'ont qu'un but : changer leur position, escalader le Pouvoir ou du moins les postes lucratifs et jouir de toutes les faveurs de la fortune usurpée. Un chef de la démocratie, très expert dans l'art révolutionnaire, a dit le mot de toutes les révolutions : Faire le tour de main. C'est-à-dire jeter par terre le Pouvoir au moyen du peuple et se mettre à sa place en écartant le peuple. Oui, le peuple est toujours dupe des intrigants révolutionnaires. Et, chose inexplicable, les déceptions, si amères soient-elles, ne le corrigent pas. A peine est-il proclamé vainqueur qu'on l'oblige à déposer le sceptre du commandement et à transmettre sa souveraineté d'un moment. Mais on sauve les apparences pour un avenir prochain, c'est lui qui doit élire le nouveau maître de ses destinées.

Or, dans le système révolutionnaire, la transmission solennelle et publique de la souveraineté réclame impérieusement le concours actif de chaque membre de la société et par conséquent le vote universel. On a souvent demandé aux utopistes révolutionnaires pourquoi les femmes, la moitié du peuple, étaient exclues de ce vote. Ils ont gardé un silence prudent. La vraie raison est celle-ci : Les femmes en général, et particulièrement en France, possèdent des principes religieux, elles sont plus vertueuses et plus intelligentes des vrais intérêts sociaux, elles feraient obstacle aux ambitions des sectaires. Et cependant, dans un acte d'une importance suprême pour le bonheur de tous, cette lacune est évidemment un crime de lèse-souveraineté du peuple.

Quoi qu'il en soit, j'affirme et je soutiens que le vote universel est frappé de nullité par trois raisons péremptoires. Il n'est pas intelligent, il n'est pas libre, il n'est pas conscient. Il n'est pas intelligent parce que le peuple ne connaît pas et ne peut pas connaître le sujet à élire, ni ses qualités, ni ses défauts, ni ses tendances. A peine si des bruits vagues et souvent contradictoires lui disent une candidature qu'il ne fait jamais lui-même. Il n'est pas libre. Personne n'ignore l'extrême timidité du peuple devant les agents de l'autorité on de ses supérieurs à tous les degrés; d'autre part, l'extravagance, disons le mot, la stupidité du peuple à croire toutes choses, même les plus incroyables, celles surtout qui de près ou de loin touchent à ses intérêts matériels sont proverbiales. Enfin, le peuple est inconscient dans le vote universel. Toutes questions de principes sociaux, de haute politique, de justice internationale sont au-dessus de sa portée, de ses études et de son milieu. Avec ces trois déficits d'intelligence, de liberté et de connaissances, le vote universel est à peine recevable pour l'élection d'un maire de commune. Les révolutionnaires eux-mêmes reconnaissent la nécessité de ces trois caractères dans la valeur de toute élection. Lorsqu'ils ne sont pas les maîtres de la société et que le vote est contre eux, ils ne cessent de crier par toutes les voix que le vote n'a pas été libre, que le peuple a été tenu sous la pression autoritaire et gagné par les promesses ou les menaces, dans le même temps où ils usent eux-mêmes ouvertement des moyens de séductions, d'intimidations et de moins avouables encore, car ils ne reculent pas devant les calomnies les plus odieuses et les plus stupides. Et puis, prêtez l'oreille. S'ils triomphent, le peuple est sublime d'intelligence et de patriotisme ; s'ils échouent, le peuple est ignare, c'est un esclave abruti. Lamentable comédie qui se joue en France depuis quatre-vingts ans pour la risée de l'Europe. Non, le vote universel n'est pas et ne peut pas être le moyen légitime de constituer un Pouvoir régulier, juste, légitime et propre à faire l'ordre, la paix et la prospérité dans la société.

J'ose défier tous les révolutionnaires de pouvoir donner une réponse valable contre l'hypothèse suivante : Ne peut-on pas trouver un peuple dans lequel le niveau moral est descendu à un très-bas degré, dans lequel les croyances religieuses sont oblitérées, défigurées et même haïes, dans lequel les principes du juste et de l'injuste sont confondus et comptés pour rien? Dès lors, sur quelles bases d'honneur, d'équité et d'ordre s'exercera le vote universel ? Il sera, sans nul doute, la débauche du peuple, selon l'énergique et trop réelle parole du chef des révolutionnaires. Je ne m'avance pas trop, peut-être, en disant que la France actuelle réalise cette désolante hypothèse. Des faits nombreux et tous les jours plus éclatants donnent une trop grande confirmation à ma pensée. Par sa nature même, le vote universel doit ébranler l'Etat le plus fortement constitué. Parce qu'il est faux et j'ajoute parce qu'il est stupide en lui-même. En effet il n'admet aucune garantie d'intelligence, de position sociale, de tendances naturelles et d'ordre. Il ne voit, ne reconnaît que le nombre brutal. Il s'en suit que l'aventurier, le vagabond, le dissipateur, le paresseux, l'émeutier, etc., auront autant de valeur que le propriétaire, l'industriel, le chef de maison et le père de famille. Que les premiers soient plus nombreux au scrutin et la société est légalement bouleversée, ruinée et détruite. Il s'en suit encore que deux ignorants jusqu'à l'idiotisme l'emporteront sur un

Colbert, ou un Richelieu, ou un Bossuet. C'est une stupidité doublée d'absurdité.

Voilà cependant sous quel niveau honteux et désastreux la révolution tient courbée notre spirituelle et noble patrie ! Depuis que la France a perdu ses principes religieux et politiques qui l'avaient faite si grande, si libre et si fière, elle s'est affaissée dans la honte en acceptant la tyrannie révolutionnaire et le vote universel. C'est le désespoir de nos espérances si Dieu ne nous sauve pas par un miracle de châtiments ou par un miracle de miséricorde.

De ce qui précède il ne faudrait pas conclure que le vote du peuple doive toujours et pour tout être rejeté. Sans nul doute comme principe de droit souverain et comme multitude il est faux et détestable, mais pratiqué dans les conditions voulues d'âge social, de domicile acquis et d'intérêts réels au bien public, c'est-à-dire d'éléments conservateurs ; le vote populaire est un moyen indispensable de bon gouvernement. Il donne satisfaction aux intérêts généraux de la nation et devient une sérieuse garantie contre les erreurs ou le despotisme du Pouvoir, car si le peuple a des devoirs envers l'autorité souveraine, il a aussi des droits ; il a le droit d'être paternellement gouverné et le droit d'être respecté dans sa liberté et dans ses biens. Vienne donc le Pouvoir vrai de la France, le Pouvoir légitime, et nous possèderons la réalisation vraie, libre, intelligente et sincère du vote populaire. Nous aurons la vraie représentation nationale dans toutes les attributions qui lui conviennent auprès du Pouvoir.

XIII

Nous avons vu que les caractères essentiels de la souveraineté manquent au peuple. Par sa nature même il est essentiellement sujet, comme l'enfant dans la famille est essentiellement enfant, c'est-à-dire soumis au pouvoir paternel. Le peuple n'a pas et ne peut pas avoir d'inférieur, car il est lui-même le terme inférieur dans la société. Il ne commande pas et ne peut pas commander, puisqu'il n'a et ne peut avoir ni inférieur ni sujet. Et cependant il est de l'essence de la souveraineté de dominer, de commander. De plus, le premier attribut du Pouvoir souverain consiste à faire des lois et à les faire exécuter. Or, attaché par nature à la glèbe, absorbé par les choses matérielles, l'agriculture, le commerce, l'industrie, les arts mécaniques, le peuple est d'une incapacité radicale à étudier les principes élevés du droit et de la justice qui font les bonnes lois. Enfin il est d'une impuissance absolue à manier les ressorts compliqués d'un bon gouvernement.

Le peuple ne possède donc aucun caractère intrinsèque ni extrinsèque de la souveraineté. Certes, la nature l'exige ainsi, car le peuple est, demeure et demeurera toujours peuple, c'est-à-dire sujet dans la société. Ici, l'histoire est parfaitement d'accord avec la nature, le bon sens et la raison. On ne vit jamais une société sans Pouvoir, jamais un peuple sans chef, faisant lui-même ses propres lois et les exécutant librement. Ne sait-on pas, par l'expérience de tous les siècles et de tous les peuples, que pour obtenir l'observance d'une loi, il faut un Pouvoir supérieur qui commande, juge et châtie ?

Les utopistes révolutionnaires idéalisent en vain le peuple, c'est-à-dire l'humanité. Ils font l'homme naturellement bon, juste, vertueux, sans inclination au mal, se portant à la vertu par le seul attrait de la vertu et fuyant le mal par la seule laideur du mal. Erreur capitale qui engendre tous les maux dont souffre la société et qui maintient la confusion et les concessions qui nous dévorent. Non, toutes ces folles idées ne changent pas la nature déchue de l'humanité ni le châtiment divin qu pèse sur elle. La révélation, la raison, l'expérience et l'histoire exigent que nous admettions la déchéance originelle et que nous tenions grand compte de ce fait colossal de l'humanité pour la politique et pour le gouvernement des hommes et de la société.

Il est trop certain que selon l'énergique parole des saints livres, l'homme est conçu dans le péché et qu'il porte en naissant le germe de toutes les convoitises, l'impatience du joug et l'instinct de l'insubordination et de la révolte. Instinct accru, développé par les privations, le travail pénible et par les souffrances en présence du bien-être, du luxe et des jouissances qui s'étalent devant lui, et provoquent ses jalousies et ses appétits. Je ne crains pas d'avancer qu'ils se rendent coupables d'un crime social ceux qui font miroiter aux yeux du peuple les splendeurs, les jouissances soupçonnées et les priviléges d'une souveraineté qui ne lui appartient pas, qu'il ne possèdera jamais, ceux qui le flattent d'une puissance d'insurrection qu'il ne peut exercer sans crime et qui s'accomplit toujours à son immense préjudice. Au contraire, la doctrine vraie, affirmée par la raison et l'expérience, dit que la nature humaine telle qu'elle est, c'est-à-dire déchue, viciée, exige un Pouvoir supérieur, une souveraineté permanente, inflexible qui s'impose aux peuples, qui contienne les instincts pervers et fasse régner partout les droits de la justice et de l'honnêteté. Du reste, les révolutionnaires eux-mêmes ont le sens de ces vérités, car ils n'admettent pas que le peuple soit apte à la souveraineté réelle ni capable de l'exercer, ils veulent que le peuple souverain, impropre et impuissant à gouverner, transmette son Pouvoir et sa souveraineté à un homme qui devienne, par là, Pouvoir et souverain du peuple même. En sorte que dans ce grand leurre, il existe la plus étrange anomalie. Deux souverains dans la même société : Un souverain fabriqué qui commande en toute puissance et un souverain naturel toujours sujet soumis et devant toujours obéir. Les plus obtuses intelligences doivent en convenir, c'est la nature à l'envers ou renversée.

L'extravagance et l'absurdité de la souveraineté du peuple est sans doute une triste chose dans les annales des aberrations humaines, mais quelque chose de bien plus triste, c'est qu'un nombre immense d'intelligences, dans notre spirituelle France, soient descendues si bas, si bas, qu'elles aient accepté cette monstrueuse erreur sociale, à ce point que dans le Corps législatif, dans une grande partie de la presse, dans la presque généralité des Français, elle est devenue comme un axiome politique. Je ne crains pas de le dire, cette erreur capitale, source inépuisable de révolution, est le châtiment le plus terrible de Dieu sur notre infortunée patrie. Elle a repoussé les principes divins qui font la vie sociale, elle a banni Dieu de son gouvernement, de ses lois, de sa politique et la voilà réduite à dévorer des absurdités qui tuent et à se tordre de douleur dans les angoisses de la honte et dans les convulsions populaires. N'est-ce pas là la position qui nous est faite? Nous nous obstinons dans des erreurs mortelles et nous repoussons la vérité divine et sociale qui peut seule nous sauver. Dans ce moment de suprêmes angoisses, nous préférons le déshonneur, la ruine et la mort dans nos erreurs, à la résurrection, au salut, à la vie par les vérités divines et sociales. Un prince auguste, principe de vie et de gloire, Pouvoir légitime et social de la France, couronné d'honneur et de justice, appplaudi de tous pour son honnêteté, sa franchise et sa grandeur d'âme, nous offre sa main royale pour nous tirer de l'abîme où nous étouffons ; et, folie désespérante ! nous repoussons cette main de salut, préférant nous ensevelir dans les tourmentes révolutionnaires ou nous sentir écrasés sous la botte du Prussien.

Non, le soleil n'a pas éclairé le spectacle d'un autre peuple se laissant mourir en haine de Dieu et de ses lois. En vérité, si la Providence sauve la France par un miracle de miséricorde, elle sera sauvée malgré elle, car elle devra rentrer dans les principes divinement sociaux.

XIV

Le terme *légitime* signifie, d'après la raison et le dictionnaire de l'Académie, conforme à la loi soit divine, soit humaine. Le Pouvoir légitime est donc celui qui est conforme à la loi éternelle des êtres, par conséquent à Dieu dont il est l'image et de qui il dérive. Dans un ordre inférieur, le Pouvoir légitime est celui qui est conforme à la loi de la nature déchue, aux conditions d'un gouvernement juste, équitable, aux institutions qui garantissent la paix et le bonheur des peuples. D'après ces données, le Pouvoir peut être envisagé sous deux aspects divers. Il peut être divinement ou humainement légitime, ou l'un et l'autre à la fois. Lorsque le Pouvoir, régulièrement constitué, reconnaît et proclame son origine divine et réalise par les lois de la justice les volontés de Dieu sur la société, en d'autres termes, s'il est, d'après la parole concise de l'apôtre saint Paul, ministre de Dieu pour le bien, ce Pouvoir est divinement et humainement légitime. Tels ont été le plus grand nombre des monarques dans le moyen-âge; si le Pouvoir, régulièrement constitué, promulgue des lois conformes aux droits de l'équité et de la justice, bien qu'il fasse abstraction du monde divin, il est humainement légitime. Tels sont les Rois hérétiques, schismatiques, païens et même les Rois chrétiens quoiqu'ils aient abdiqué le glorieux titre de ministre de Dieu. Ces définitions du Pouvoir s'appliquent aussi rigoureusement aux Républiques qu'aux Royaumes et aux Empires. Il existe un troisième Pouvoir qu'on nomme légal : c'est celui qui gouverne l'Etat à l'extinction d'une dynastie et même celui des usurpateurs. On voit par là que la légitimité est basée sur les lois de la justice et la propriété, lois qui régissent toutes les nations dans l'ordre et la paix, tandis que la légalité est transitoire, accidentelle, exceptionnelle mais pourtant utile pour le salut de la société. La légalité et la légitimité, considérées en elles-mêmes et dans l'exercice du Pouvoir social, présentent donc une très-grande différence, et cette différence fait apprécier la mesure de leur valeur respective. La légitimité est ordre, justice, permanence, et la légalité bonté relative, utilité, mutabilité.

Qu'il soit divinement ou humainement légitime, ou simplement légal, le Pouvoir est d'une nécessité absolue pour la vie de toute société. L'expérience en donne une démonstration inéluctable. Il n'est pas une association d'hommes ayant pour but la religion, ou la morale, ou les intérêts matériels qui n'ait un chef. Depuis la société de secours mutuels jusqu'à la nation la plus civilisée, partout il y a un chef, une autorité, un président, un empereur ou un roi : c'est-à-dire un Pouvoir qui dirige et gouverne et l'on peut affirmer que l'association ou la société subissent les vicissitudes du Pouvoir. Ce serait un travail curieux et éminemment utile, dans ce siècle de décadence, de rechercher dans les annales des peuples, et particulièrement de la France, l'état des esprits, des mœurs, des tendances de la civilisation d'après la nature, le caractère et l'action du Pouvoir. Quoi qu'il en soit de ces différents modes, il est certain, ainsi que nous l'avons prouvé, que Dieu a créé le Pouvoir, et il l'a créé nécessaire de cette nécessité absolue qui frappe d'impuissance et de mort toute société qui le repousse.

C'est donc en vain que les révolutionnaires, enfants naturels et terribles du protestantisme, réclament à grands cris la destruction du Pouvoir et prétendent inaugurer sur ses ruines l'initiative et l'action égale de tous dans le gouvernement de la société.

Le protestantisme a répudié, aboli le Pouvoir dans la société religieuse et sous son action, la religion a été dissoute jusqu'à la poussière. Le protestantisme est devenu athéisme. Il ne reste que quelques individualités en contradiction avec elles-mêmes pour attester le crime du principe dissolvant qui est le libre examen, c'est-à-dire la confusion, l'anarchie. La révolution, conséquence naturelle, logique, politique et sociale du protestantisme doit forcément aboutir aux mêmes ruines. Le parallélisme est frappant et donne une grande leçon aux esprits sérieux et à tous les hommes d'Etat. Comme le protestantisme en répudiant le Pouvoir religieux avait conservé, contrairement à ses principes, quelque apparence de Pouvoir dans l'autorité des livres saints et le ministère contradictoire des pasteurs, la révolution répudie le Pouvoir social, mais il le remplace aussitôt par un simulacre de Pouvoir tiré d'un autre libre examen, le vote universel, et d'un semblant d'autorité, la souveraineté du peuple.

Le protestantisme est arrivé par l'anarchie religieuse au monstrueux athéisme ; la révolution aboutira forcément par l'anarchie sociale à la destruction de la société, ce sont ses tendances fatales, car la logique de l'erreur comme celle de la vérité ne connaît pas de point d'arrêt dans ses conséquences. Voilà pourquoi le logicien Proudhon, voyant les points extrêmes des principes et des conséquences établissait hardiment les deux axiomes si profondément vrais : Le catholicisme ou l'athéisme, la monarchie ou l'anarchie. La raison en est évidente. Le catholicisme est toute la vérité et l'athéisme est toute l'erreur. La monarchie est la perfection de l'ordre et du bien social et l'anarchie est le désordre à tous les degrés.

Les principes religieux et sociaux s'enchaînent si indissolublement que briser un anneau de l'un c'est rompre la chaîne de l'autre. Il faut bien remarquer que le principe religieux est le premier anneau de cette double chaîne qui rattache à Dieu les âmes et les corps, les individus et la société, parce que Dieu est la raison de tout, l'alpha et l'oméga de toute la création. Cette vérité se manifeste avec évidence dans les rapprochements que nous venons de signaler entre le protestantisme et la révolution. Tant il est vrai, selon l'aveu du même Proudhon, que dans toute question politique on trouve la théologie. Et malheur à la société dans laquelle les hommes d'Etat et les citoyens dirigeants ignorent la religion ou lui sont opposés. Sans religion ils ne peuvent pas avoir des principes, ils n'ont que des théories plus ou moins anti-sociales, mais toujours grosses de tempêtes. Tel est cependant l'état des choses et des personnes depuis la fatale époque de 93 qui va toujours s'aggravant. J'ai voulu, dans la mesure de mes forces, jeter un cri d'alarme et faire briller dans nos ténèbres politiques et sociales quelques rayons de l'éternelle vérité qui sauve.

Il résulte de ces trop courtes considérations qui exigeraient des volumes pour leur complet développement, que le Pouvoir est le principe de la vie dans la société comme il est le principe de la vie en Dieu, dans le monde spirituel ou religieux, dans le monde humain et dans le monde de la famille. C'est le pivot sur lequel roulent tous les êtres et toutes les destinées. Il est donc facile de comprendre la suprême importance et la nécessité absolue du Pouvoir dans la société.

Le Pouvoir nécessaire emporte avec lui l'unité de puissance et l'unité de commandement. C'est sa raison d'être et la condition de son existence et du bien qu'il doit accomplir. Nier l'un ou l'autre de ces deux attributs ou les séparer, c'est établir la contradiction au sein même du Pouvoir, c'est le détruire. Dans les termes qui composent la société, il n'existe pas une puissance qui, sans usurpation ou sans révolte, puisse faire échec au souverain. Par conséquent, le Pouvoir, dans son exercice légitime, ne peut reconnaître d'autres limites que le mal, l'erreur et l'injustice, et alors il trouve l'inflexible résistance des lois divines et de la conscience humaine. Tels sont les principes qui constituent la nature du Pouvoir et ses attributs essentiels. Tous les siècles sont unanimes dans la même affirmation, et la langue universelle, expression de la pensée générale, donne la même signification à l'exercice du Pouvoir.

La révolution ne pouvait manquer de dénaturer la nature des choses et de changer l'œuvre de Dieu dans sa plus grande création. Sous le voile d'un respect hypocrite, elle prétendit élever le pouvoir au-dessus de l'atmosphère humaine et le poser dans un nuage de grandeur incomparable, mais si élevé et si inaccessible qu'il ne pourrait plus ni faire des lois, ni commander. Son entrée en scène fut solennelle et pleine d'audace. Elle avait bien choisi son organe : Un homme plein d'ambition et d'orgueil, sceptique en toutes choses, révolutionnaire émérite, Thiers osa, en pleine représentation nationale, formuler et proposer à l'adoption des députés cette incroyable maxime : *Le Roi règne et ne gouverne pas*. Je dis hardiment : C'était la bêtise de l'erreur ou la débauche du sophisme dans la plus haute question sociale. Qu'est-ce donc régner si ce n'est gouverner, et qu'est gouverner si ce n'est régner en même temps ? L'un est le droit, l'autre en est l'exercice.

Pendant cinquante-huit siècles, les hommes de toutes les nations ont cru et compris que régner c'est conduire les sociétés à leur fin légitime, faire des lois et pourvoir à leur exécution par des ministres. Que gouverner c'est étendre une autorité souveraine sur tous les membres de la société. Tous les hommes ont cru et bien compris que régner et gouverner sont les attributs constitutifs du Pouvoir, s'unissant l'un à l'autre si intimement et si nécessairement qu'ils font la nature même du Pouvoir, son unité indispensable, sa grandeur et son prestige. Mais lorsque M. Thiers formulait sa maxime révolutionnaire c'était le temps de tout confondre pour arriver par l'interprétation à la destruction certaine du Pouvoir légitime et de la monarchie.

Le prétendu libéralisme faisait délirer tous les esprits, même les plus sages, et l'on vit toute une Chambre monarchique applaudir sans réflexion à la révolutionnaire maxime : Le Roi règne et ne gouverne pas. Le mirage de l'indépendance s'unissait à ses yeux avec l'auréole de la royauté et elle accepta la triste mission de décapiter le Pouvoir royal. Elle crut en effet avoir conquis sa complète indépendance sans forfaiture. Elle se hâta de poser la personne royale dans des régions inaccessibles, au milieu d'un nuage de gloire, de grandeur et de majesté, et le déclara inviolable ; fragile barrière contre la révolte des ambitieux et contre les passions populaires ! Voilà le Pouvoir souverain réduit à se contempler lui-même dans la brillante nullité de sa puissance, vivant en lui-même et mort au dehors, belle et resplendissante momie, ou, comme on le dit trivialement mais avec justesse, manequin. Quelle fut donc la raison vraie de ce dépouillement et de cette dégradation du Pouvoir? Ici apparaissent toutes les audaces hypocrites des révolutionnaires. Le Roi règne mais ne gouverne pas. C'est-à-dire le Roi est l'image, le simulacre du Pouvoir. Toute sa puissance consiste à signer des lois et des décrets, à s'ennivrer de l'encens des courtisans et à commander ses domestiques. C'est-à-dire à côté et au-dessus du Roi, il y a le Pouvoir réel, vivant, tout puissant qui fait les lois, commande à la nation, administre et gouverne. Le Roi, sous peine de déchéance, doit subir la volonté et même les caprices de celui-ci, et s'il ne se hâte pas d'obéir, déposition, exil ou mort. Tel est le résultat logique et nécessaire de l'anti-sociale maxime : le Roi règne et ne gouverne pas. En d'autres termes, le libéralisme dégrade le Pouvoir social et le livre sans défense à toutes les tentatives révolutionnaires, c'est la révolution élevée à la hauteur d'un principe et par conséquent permanente.

Les libéraux ne tardèrent pas à prouver la valeur de la maxime. Le lendemain de la magnifique conquête d'Alger, le Roi Charles X se trouva en face d'une formidable émeute organisée par les libéraux ; il renonça à son droit de châtier la rebellion et préféra l'exil. Il oublia trop, pour notre malheur, qu'il portait le sceptre pour la justice. Quelques années plus tard, l'usurpateur Louis-Philippe fut chassé par la même émeute qu'il avait soudoyée contre son Roi Chose inouïe! quoique avertis par les calamités de la France, les rois de l'Europe ont semblé se coaliser pour leur propre destruction en acceptant la maxime révolutionnaire. Déjà plusieurs sont tombés et les couronnes ne tiennent plus sur la tête des autres. Partout les trônes sont minés et la poudre est prête à recevoir la flamme qui doit les faire sauter. L'Angleterre paraît tenir encore par la force de sa constitution, par la hiérarchie puissante et respectée de ses classes, par son horreur instinctive des révolutions qui la ruineraient en ruinant son commerce et son industrie. Mais les moins attentifs entendent déjà les bruits sourds de la souveraineté du peuple qui monte, qui monte tous les jours et jette l'épouvante dans l'esprit des sages et des hommes d'Etat.

Oui, comme la vérité, le Pouvoir doit être admis tout entier, parce qu'il est lui-même une vérité sociale. Il doit donc régner et gouverner.

A l'heure présente, le libéralisme donne au monde d'étranges leçons. Thiers qui, le premier, a proclamé, fait accepter et exécuter la maxime : le Roi règne et ne gouverne pas, est à la tête du gouvernement de la France. Oublieux du passé et de ses doctrines, il donne la mesure de la sincérité libérale. Il entend régner et gouverner à la fois, et il règne et gouverne avec une violence qui ne supporte pas d'opposition. Il impose ses volontés et ses caprices avec plus d'empire que Louis XIV; le grand roi était toujours poli et il est toujours insolent. Son despotisme est plus dur que le despotisme des pachas. C'est-à-dire que les libéraux jouent la comédie pour arriver au Pouvoir, et lorsqu'ils l'ont escaladé, leur despotisme est incomparable.

Le Roi règne et ne gouverne pas est la théorie révolutionnaire qui divise, morcelle, amoindrit le Pouvoir et le livre sans défense possible aux caprices démagogiques et aux ambitions audacieuses. C'est un élément de décomposition sociale, c'est le leurre des peuples inventé par les libéraux. Le Roi règne et gouverne est la doctrine vraie et complète du Pouvoir social, la garantie de l'ordre et de la stabilité. L'histoire ne laisse aucun doute sur la valeur de ces deux doctrines sociales. La première nous a ballottés d'émeutes en émeutes, de révolutions en révolutions, ne laissant aucun jour de sécurité et paralysant tous les progrès. La seconde nous a donné quatorze siècles de paix, de prospérité et de gloire, et j'ajoute à dessein de libertés. Car l'émeute, la révolte, l'erreur sociale ne sont pas la liberté mais la licence. Les révolutionnaires crieraient en vain que nous prétendons établir et légitimer le despotisme du Pouvoir royal. Leurs clameurs ne sont pas désintéressées. Ils craignent qu'une infranchissable barrière ne soit dressée contre leurs révoltes et leur despotisme, car ils ne peuvent arriver au Pouvoir que par la révolte et s'y maintenir que par le despotisme et la tyrannie. Il en est tout différemment du Pouvoir vrai et légitime. Il est de sa nature et dans ses intérêts d'être paternel et juste. Il reconnaît au peuple le droit d'être gouverné dans l'quité, il écoute ses désirs, ses besoins et même ses remontrances. il ne craint même pas de l'appeler à contrôler ses actes, à accorder ou à refuser des impôts pour le bien de l'Etat, et de là les Etats-généraux, de là la représentation nationale, ou en d'autres termes le gouvernement représentatif. N'est-ce point le résumé de ces grandes doctrines que le loyal descendant des Rois vient d'adresser à la France ? Henri V promet solennellement à la nation française, et dans ce noble langage qui lui est propre, le gouvernement représentatif, l'ordre, la paix, la liberté et la justice. Certes, lui seul peut faire ces solennelles promesses, parce que lui seul peut les tenir, et seul il peut les tenir parce qu'il est le Pouvoir légitime, parce qu'il a pour lui le droit et la permanence.

XV

Nous avons dit l'origine divine du Pouvoir, sa nature providentielle, ses attributs essentiels et son absolue nécessité pour la vie des peuples. Nous avons fait justice de quelques erreurs qui lui sont opposées. Nous dirons les formes que revêt le Pouvoir dans la société.

Lorsque le peuple hébreux, type de tous les autres peuples par sa nature déchue, par sa faiblesse et son inconstance, se trouva fatigué du gouvernement théocratique, il demanda un changement. Dieu voulut bien dans sa condescendance accéder à ses désirs et il lui donna un Roi. Dans cette première création du Pouvoir peuple ne donna ni souveraineté, ni puissance, ni dignité royale. Non, certes, l'élection fut faite par la première autorité qui existât alors, seule grande, seule respectée, seule compétente comme autorité divine. C'est le prophète Samuel qui, au nom de Dieu, élut et sacra Saül Roi. Chose très digne de remarque, Saül ne devait pas avoir de descendance pour le trône : Jonathas, son fils, devait mourir et laisser sans successeur la couronne de son père. Aussi Dieu intervient par son prophète dans l'élection d'une nouvelle race royale. David, au contraire, doit avoir un successeur. Dieu n'intervient plus, et par là même il consacre comme naturelle et légitime la succession au trône, l'hérédité du Pouvoir. Hérédité acceptée et reconnue par tous les peuples comme condition d'ordre, de paix et de prospérité dans une stabilité incontestée. Il est très important pour notre siècle qui a nié ou confondu toutes les notions du Pouvoir social, de remarquer que quoique sacré Roi par le prophète du Seigneur, David ne se prévalut pas de son titre sacré, mais sur l'ordre de Dieu, il reconnut toujours et solennellement Saül pour son Roi, le servit et lui obéit. C'est ainsi que le Pouvoir légitime doit être toujours reconnu, respecté et obéi alors même qu'il est personnellement coupable.

Il est incontestable qu'en dehors du peuple hébreux, son peuple choisi et privilégié, Dieu ne choisit pas immédiatement le chef des peuples, mais on ne peut nier que Dieu ait voulu indiquer dans son peuple la forme et la permanence que le Pouvoir social devait revêtir pour assurer la paix, l'ordre et la prospérité dans une société sagement organisée. Nul en effet ne saurait mettre en doute que la forme monarchique et héréditaire ne soit pleinement conforme à la nature et ratifiée par social, il faut bien observer que ce ne fut pas au peuple que fut conférée l'élection de ce monarque et que le la raison. Quelques réflexions en feront une démonstration sans réplique.

L'hérédité confère des garanties d'ordre, de justice et de paix si grandes et si impérieuses que celui qui possède le Pouvoir doit mettre un intérêt suprême à procurer le bonheur de tous pour sa sécurité propre et pour sa descendance. Il mettra toute sa gloire à se faire aimer et il sera le père de son peuple. Il remplira dans toute son étendue le caractère que lui donne l'apôtre saint Paul en le nommant ministre de Dieu pour le bien.

La monarchie héréditaire possède l'immense avantage, dans tous les temps et surtout dans les jours troublés comme les nôtres de ne laisser jamais la société sans chef, et par là elle enlève aux passions anarchiques le prétexte d'agitations sociales et de manœuvres révolutionnaires toujours si fatales aux intérêts si multiples de la nation. Le cri de : Vive le Roi ! à la mort d'un Roi est la garantie de la paix et le désespoir des anarchistes

L'inappréciable avantage de l'expérience appartient exclusivement à la monarchie héréditaire. Elle peut asseoir la société dans l'ordre, dans la prospérité et le progrès continu par des lois sages et appropriées à son tempérament et à ses tendances. Elle peut modifier selon les temps les mesures administratives, améliorer les lois et étendre les libertés publiques selon les progrès des mœurs, de la civilisation, du commerce et de l'industrie.

La monarchie héréditaire, en possession du temps, possède encore l'exclusif avantage de pouvoir suivre, expérimenter et parfaire des plans d'améliorations pour toutes les branches qui se rattachent au bien intellectuel, moral et physique de la nation. C'est en effet dans une monarchie séculaire, sous son action et son influence, qu'un peuple forme son esprit, son génie, ses mœurs et ses habitudes. Elle devient, dans toute la force du mot, sa constitution et sa vie. Il est incontestable que sa fixité naturelle, sa stabilité, sa permanence sont des garanties certaines de l'ordre et de la paix, et dans l'ordre et la paix un peuple peut se promettre toutes les améliorations et tous les progrès : Améliorations des lois dans le sens d'une liberté plus large, d'impôts moins onéreux, d'une organisation plus sage et plus rapide dans toutes les branches de l'administration. Extension indéfinie du commerce, de l'industrie et de relation de peuples à peuples. Enfin, progrès dans l'industrie, dans les arts et dans toutes les sciences.

Dans toute l'Europe, la monarchie héréditaire jouit de sympathies naturelles, elle consolide les bons rapports avec les puissances, elle facilite les traités avantageux et les alliances protectrices. Elle affermit les trônes et les couronnes, car elle appelle et impose, par sa nature même, une solidarité immense et en quelque sorte obligatoire entre toutes les hérédités monarchiques, à ce point qu'une responsabilité effrayante pèse sur chacune d'elles. L'histoire de l'Europe depuis un siècle renferme de terribles leçons à cet égard. N'est-ce pas l'infraction à cette loi de solidarité qui a brisé tant de sceptres, ébranlé tant de couronnès, miné tant de trônes, enhardi les révolutionnaires et jeté l'Europe dans les légitimes épouvantes de l'anarchie? On peut dire hardiment que l'état convulsif du monde moderne et l'ébranlement général de l'autorité ont pour cause l'oubli que les têtes couronnées ont fait des lois de la solidarité.

De plus, la monarchie héréditaire est la forme la plus naturelle du Pouvoir dans la société, parce qu'elle est l'épanouissement de la paternité sociale ou l'extension d'une grande famille. Même Pouvoir légitime, mêmes droits, mêmes devoirs et composé des mêmes termes hiérarchiques. C'est encore, c'est surtout la forme que

Dieu institua chez le peuple qu'il avait choisi et si largement favorisé. Il est évident pour tous que la monarchie héréditaire, outre l'approbation divine, est la forme par excellence, naturelle, facile et paisible du Pouvoir dans la société et de sa transmission ou permanence.

Il en est tout différemment chez un peuple soumis au mode électif. Là, tout est incertain, contingent, précaire et passager. Le Pouvoir lui-même est perpétuellement environné et assiégé de tentations formidables et diverses. La passion naturelle de conserver la puissance souveraine l'obsède, parce qu'une nouvelle élection peut la lui enlever. Il devient, par sa position même, ombrageux et intrigant. Il est sans cesse porté à séduire les hommes, à corrompre les caractères et à briser les résistances. C'est-à-dire qu'il est perpétuellement sous l'épreuve de l'ambition, des intrigues, de la jalousie et de l'arbitraire.

Ce parallélisme du Pouvoir héréditaire et du Pouvoir par l'élection démontre dans le premier l'absence d'ambition et d'intrigues, la sécurité du temps et des intérêts, toutes les garanties de paix et de protection pour le commerce et l'industrie, le progrès en toutes choses et par dessus tout la tranquillité de l'ordre. Dans le second, anxiétés perpétuelles, toutes les passions en mouvement, les fureurs des compétitions, l'agitation des partis, l'arbitraire et le despotisme, enfin le malaise général qui paralyse tout progrès.

La préférence à donner à l'un de ces Pouvoirs n'est pas douteuse. L'hérédité est le gouvernement naturel, régulier et paisible de toute société. L'élection est l'agitation et le tâtonnement de l'enfance sociale ou les convulsions périodiques de la décrépitude. L'un assure la paix, la prospérité et le bonheur, l'autre produit le despotisme ou l'anarchie. Les événements qui s'accomplissent sous nos yeux sont une démonstration sans réplique de ces vérités. Les signes de la décrépitude sont visibles pour tous. Le peuple des villes, en immense majorité, est atteint d'une indifférence désolante pour la religion et son culte, beaucoup même lui portent une haine aveugle et sauvage. Par dessus tout il a perdu le sens de la loi morale et il se livre sans frein à toutes les immoralités et à toutes les débauches. Partout il est révolutionnaire. Sous une longue et libre propagande d'impiété le peuple des campagnes a bu le vin de toutes les séductions pernicieuses et il ne reculerait pas devant une Jacquerie qui, dans sa pensée, augmenterait son bien-être. Comme les croyances et comme les mœurs, le patriotisme du peuple a baissé jusqu'à la couardise et au sauve-qui-peut. Toute l'énergie nationale est concentrée dans l'amour des richesses, dans les plaisirs et dans les jouissances matérielles. Presque tous les gouvernements se sont épris d'un libéralisme bâtard qui n'est pas la liberté mais la révolution. Ils ont renié les principes éternels de l'unité du Pouvoir et se sont faits ainsi révolutionnaires. Chose singulière, ces gouvernements prétendus libéraux succombent tous sous leur utopie ou ils sont forcés de se faire despotiques pour arrêter et combattre les entreprises libérales, fruit des doctrines qu'ils proclament et qu'ils protégent. Quelques-uns répudient les lois de la civilisation, rétrogradent jusqu'au paganisme et se constituent, sous le masque du libéralisme, persécuteurs de la religion du Christ. Qui ne reconnaît à ce caractère les gouvernements de l'Angleterre, de la Prusse, de l'Italie, de l'Espagne et de la Suisse. La France seule est arrêtée dans cette voie persécutrice par la fermeté de son épiscopat et le respect humain. Et cependant depuis l'abandon, par les rois, des principes catholiques et l'inauguration des théories libérales, les leçons de la Providence n'ont pas manqué. Jamais dans aucun âge du monde on ne vit tant de rois découronnés, tant de princes dépossédés et errants sur tous les points du globe. Ceux qui sont encore debout n'entendent pas le tocsin de la révolte qui retentit jusque dans leur palais et surtout ils n'appellent pas Dieu, la justice et l'honneur à leur aide. Ainsi rois et peuples ont parcouru tous les degrés des erreurs et des corruptions et sont tombés dans une décadence où s'éteint la vie sociale. Deux grands faits en fournissent, à l'heure qu'il est, une démonstration lamentable. La France et l'Espagne se consument dans les hontes de la division et dans les orgies de l'anarchie. L'une et l'autre se dévorent et meurent faute d'un Pouvoir incontesté, fort, juste, honnête et légitime. Pour la France et pour l'Espagne ce Pouvoir existe et oubliant l'ingratitude il s'offre avec une loyauté incomparable, et ces deux nations infortunées repoussent ce Pouvoir sauveur parce qu'il est trop légitime et trop honnête. N'est-ce point là la décrépitude qui n'a pas l'énergie du bien et de la vertu ni la force de vivre honorablement?

Oui, on peut le dire hardiment : Toute nation civilisée qui rejette la monarchie héréditaire qui la faite et qui, après les sanglantes épreuves de l'anarchie et du despotisme, persévère dans son crime, touche certainement à la décrépitude et ne peut être sauvée qu'en rentrant dans les principes de la vie sociale. Constatons toutefois que c'est un souverain légitime réintégré dans son Pouvoir royal qui a porté le premier coup de mort, sans le vouloir, à la monarchie héréditaire.

Sans doute les révolutionnaires de 93 tuèrent le représentant de la royauté dans la personne de Louis XVI parce que la monarchie gênait leurs convoitises et que la République répondait mieux à leurs instincts destructeurs et sanguinaires, mais le principe monarchique restait pour tous intact dans son essence et dans son unité.

Lorsque après vingt-deux ans de terreurs, de massacres, d'incendies, de pillages, de sang, de ruines, d'arbitraire et de despotisme, la France recouvra la royauté légitime, son bonheur éclata en transports d'enthousiasme, elle se crut en possession de la monarchie vraie, c'est-à-dire du Pouvoir royal dans l'unité de puissance et dans l'unité de commandement. Mais pour son malheur Louis XVIII avait nourri son intelligence de la philosophie matérialiste de l'Angleterre, il se plaisait dans les fictions parlementaires, et les sociétés secrètes ne lui répugnaient pas. Il était philosophe et libéral et ces deux titres flattaient son amour propre. Il exporta donc de l'Angleterre, si différente de la France sous tant de rapports, ce régime gouvernemental, qu'on appelle si fastueusemement et très faussement gouvernement constitutionnel. Ce régime, en effet, ne constitue rien, ni le Pouvoir, ni la société. Il est au contraire le dissolvant le plus actif de l'un et de l'autre. Sous le prétexte fallacieux d'une prétendue pondération des pouvoirs, il diminue, il amoindrit et par là même il affaiblit l'autorité souveraine. Bientôt par l'initiative des lois forcément accordées au corps législatif parce que cette initiative est dans le principe constitutionnel, comme le germe dans une plante, non-seulement il fractionne l'autorité qui, de sa nature est une, sous-peine de n'être pas, mais il la déplace ; plus encore, il la domine et la réduit à néant. La brutale maxime : Le Roi règne et ne gouverne pas est la révélation sans ombre du régime constitutionnel, c'est-à-dire annulation du Pouvoir royal au profit d'une Chambre exerçant la puissance souveraine. De plus, le fonctionnement de ce régime hibride exige des élections de représentant à périodes très rapprochées pour satisfaire toutes les ambitions qu'il surexcite. Pour tout esprit sérieux, ce mode électif si souvent répété renferme un levain révolutionnaire, qui fermente sans cesse et finit par tout envahir. Il y aurait de longues observations à faire sur le vice révolutionnaire du gouvernement constitutionnel et sur les craintes trop fondées qu'il inspire aux hommes d'Etat. Je me bornerai à dire qu'il jette la perturbation au sein même du Pouvoir et dans toutes les branches de l'administration, il livre la société à toutes les péripéties de conflits qui se terminent trop souvent par des révolutions, il entrave tout progrès. C'est le gouvernement de la confusion par excellence, à commencer par les élections. Elles sont toujours passionnées même avec le vote restreint. Le scrutin donnera aujourd'hui des députés conservateurs et demain des députés démagogues. Avec ces éléments contradictoires le problème des intérêts publics est toujours en suspens, les améliorations deviennent impossibles, les lois sont transitoires, les administrations flottantes et souvent arrêtées dans leurs marches progressives. L'existence même des Etats est toujours chancelante sinon compromise.

Depuis l'invasion du régime constitutionnel dans les Etats de l'Europe qu'elles sont les couronnes qui tiennent fermes sur le front des rois? Combien de trônes sont ébranlés et d'autres écroulés? Le monde ne vit jamais un si grand nombre de rois et de princes exilés ni un malaise si profond chez tous les peuples. Si le régime constitutionnel, avec le vote restreint, produit de tels résultats, que produira-t-il avec le vote universel? Le peuple sera en perpétuelle ébullition, se débattant contre le despotisme ou s'épuisant dans l'anarchie. L'expérience et la logique obligent d'affirmer que le vote universel dans une nation quelconque aboutira fatalement à l'anarchie, puis au despotisme et à l'anarchie encore sans jamais pouvoir s'arrêter dans la tranquillité de l'ordre. Ces deux évolutions sont fatales.

D'ailleurs aucun esprit ne saurait se méprendre sur

la valeur du régime constitutionnel et du suffrage universel ; l'un et l'autre sont le produit fécond et privilégié du génie révolutionnaire. Aucun système, en effet, ne ruine plus sûrement le Pouvoir social et n'engendre plus de divisions, de haines et de désordre au sein de la société. En peu d'années la France a parcouru toutes les phases de ces théories criminelles et elle est arrivée à cette extrémité qu'elle doit rentrer dans les conditions du Pouvoir jouissant de l'unité de puissance et de l'unité de commandement, si elle veut vivre, ou subir la ruine et la mort dans l'anarchie si elle s'obstine dans sa voie révolutionnaire. En d'autres termes, il faut revenir à la monarchie héréditaire avec la représentation nationale librement et honnêtement nommée, mais renfermée dans les limites de sa nature subordonnée.

XVI

Le Pouvoir n'apparaît pas seulement sous la forme de monarchie héréditaire ou élective, il se manifeste encore sous la forme de république, et celle-ci serait incomparablement supérieure à toutes les autres si les membres qui composent la société républicaine n'étaient pas des hommes déchus, c'est-à-dire s'ils étaient des hommes sans passion, sans orgueil, sans ambition, sans jalousie et parfaitement religieux, en d'autres termes s'ils étaient des anges. Nous avons dit en commençant ces études qu'il serait intéressant d'étudier le Pouvoir dans une société qui n'aurait pas subi la déchéance originelle. Nous le maintenons. Mais à coup sûr nous n'aurions pas le tableau des républiques antiques ou modernes, qu'elles soient oligarchiques, démocratiques ou fédératives, car toujours incertaines dans leurs voies, elles ont essayé tous les modes d'existence sans jamais pouvoir fixer leur durée. Le génie si perçant de Platon avait vu tout ce qu'il fallait d'abnégation, de simplicité, de dévouement, d'héroïsme désintéressé et de crainte de Dieu dans une république dont la constitution même excite toutes les passions, tous les orgueils, toutes les ambitions et toutes les convoitises. Il voyait sous ses yeux les réalités désespérantes de ce gouvernement et avec le noble orgueil de pouvoir les modifier il traça le plan d'une république. Bien qu'il fît une large part aux appétits de la chair et à beaucoup d'autres passions, il exigeait tant de vertus pour une république que son plan parut un rêve extra humain. Et cependant la république de ce grand philosophe est fondée en raison si l'on veut que cette forme de société puisse exister et faire le bonheur des peuples.

Deux faits ressortent très saillants de l'histoire. Le gouvernement républicain ne s'est formé qu'à l'origine de quelque société particulière ou par violence à la suite de quelque révolte ou à la décadence d'un empire. Les Républiques n'ont duré qu'un temps relativement très court à l'aide de la dictature et surtout de l'esclavage. Les Républiques du moyen âge, formées d'éléments contraires, répugnent à toutes nos idées de liberté et de droit public. Qui oserait donner pour modèles la despotique République de Venise, la turbulente République de Florence, l'atroce et hypocrite République de Calvin ?

Voilà cependant le gouvernement que des esprits dévoyés voudraient implanter dans notre noble et malheureuse France. L'âme honnête de Platon s'indignerait, l'Amérique a horreur de notre impiété et repousse toute solidarité avec nous. Notre passé glorieux et nos quatorze siècles de monarchi ieprotestent contre nous et crient à la folie. Platon a rason contre nos vices et nos convoitises sans frein. L'Amérique a raison contre notre incrédulité et nos impiétés, et notre France a raison contre nos délires. Quoi donc ! quatorze siècles de monarchie ont fait l'esprit, le génie, les goûts, les habitudes et on peut dire hardiment la constitution et la vie de la France, et l'on prétendrait refondre tout à coup toute l'existence française et la faire entrer violemment dans le moule républicain ? Ce serait pour la France pire que le lit de Procuste. Jamais nation autant que la France n'a aimé la liberté, le luxe, la gloire et le prestige de la grandeur, elle respire ces atmosphères par tous les pores. Elle a besoin d'un Roi, et d'un Roi magnifique, couronné de toutes les gloires et de toutes les splendeurs. Personne ne niera ce caractère et cet esprit de la France. Elle a grandi, elle a vécu quatorze siècles dans ce milieu resplendissant et elle en a fait sa constitution et sa vie.

Si la science reconnaît son impuissance à refaire un tempérament d'homme, combien le tempérament d'une nation se refait moins encore, et une minorité impie et scélérate prétendrait revêtir la France d'une République ? ce serait lui imposer la tunique de Déjanire. Trois fois déjà cette minorité tyrannique l'a courbée sous le joug républicain et la République n'a fait que la salir de sang et de boue en l'étouffant sous le plus atroce despotisme. Chose étonnante ! les Démocrates ne reculent devant aucun excès et ne craignent pas de faire violence à l'histoire et à la nature humaine. Les républiques antiques proclamaient la crainte des dieux, le culte public et l'honneur des vertus et avec ses grands appuis elles ne surent faire que la dictature et river l'homme à la servitude. Les républicains de 93 se crurent, dans leur orgueil incomparable , plus forts et plus habiles. Ils estimèrent Dieu, la religion et le culte antipathiques à la République et ils décrétèrent la déchéance de Dieu, l'abolition de la religion, et au nom de la liberté les prêtres furent massacrés, guillotinés, exilés et poursuivis comme des bêtes fauves. Les églises furent saccagées, pillées, profanées, incendiées, démolies ou changées en écuries. Rien ne manquait au règne de la République athée, son triomphe fut complet. Beau triomphe, en effet. En quelques mois sous le cri de : La liberté ou la mort, la France fut plongée dans le sang jusqu'au cou et ce sang mêlé de blasphèmes, de larmes et de la boue de toutes les prostitutions montait sans cesse et la France allait étouffer dans ce bourbier infernal lorsque l'horrible tyran de cette horrible république épouvanté pour la république et pour lui même s'empressa de proclamer l'existence de l'Etre suprême. Ce nom hypocrite de la franc-maçonnerie ne pouvait sauver la France. La République, nouveau Saturne, continua à dévorer ses petits. Danton, Marat, St-Just, Robespierre et d'autres salirent de leur sang l'échafaud de leurs victimes, jusqu'à ce que le sabre redouté d'un dictateur rassura la France en maintenant sous son pied vainqueur le monstre révolutionnaire.

Chose effrayante pour notre malheureuse patrie ! la République athée de 93 a été une leçon perdue. Après avoir volé le Pouvoir, les impies de 1871 moins effrayés de l'athéisme que Robespierre exigent une république sans Dieu, sans religion, sans culte et sans prêtres. La Commune en a été la mesure et la valeur. Arbitraire, pillages, égorgements, fusillades, incendies, terreur et misère. Voilà le bilan de la république athée. Je défie qui que ce soit de pouvoir m'accuser d'exagération. Je vais plus loin et j'affirme qu'une république athée doit logiquement produire ce résultat qu'aucune force humaine ne saurait empêcher. Ce sont à la fois les droits et les châtiments de Dieu qui s'accomplissent. Du reste, deux fois en France l'expérience en a démontré la sanglante évidence. Je dis à dessein l'expérience en France.

car jamais dans aucun temps, sur aucune plage, les républicains n'ont eu l'ineptie ni la folie de vouloir faire vivre une république sans Dieu, sans religion et sans culte. Cette immense et sacrilége aberration était réservée à notre malheureuse patrie.

Moins ineptes, plus intelligents sont les républicains des Etats-Unis d'Amérique ; à l'heure où j'écris ces lignes un grand acte religieux est consommé. Le Sénat et la Chambre ont décrété solennellement *la sanctification du Dimanche, la cessation de tout travail, la fermeture des lieux publics, et la fréquentation des temples pour assurer les bonnes mœurs, et pour rendre à Dieu les hommages que tout homme lui doit.* Et les républicains de France, malgré les terribles expériences du passé, prétendent fonder une république sans Dieu et sans religion. Ils ne veulent pas encore savoir que le sang et la boue forment un ciment qui dévore et réduit en poussière les pierres mêmes de tout édifice politique.

Quoi qu'il en soit de ces excès, conséquences nécessaires des négations religieuses, il est incontestable que la forme républicaine est la moins favorable à la paix, au bien et au bonheur des peuples par son état permanent d'agitations électorales, par l'ambition qu'elle provoque, par les compétitions qu'elle excite, par l'orgueil et la présomption qu'elle provoque et par la dictature qu'elle rend nécessaire. C'est le gouvernement qui exige le plus de vertus et qui comporte le moins de liberté. Ces défauts, ces vices, ces inconvénients s'aggravent encore à un degré effrayant s'il s'agit d'imposer la république à la France, immense nation au milieu de nations monarchiques, imprégnée de tout l'esprit, de toutes les habitudes et de tous les prestiges monarchiques, façonnée depuis 80 ans à l'indiscipline, à l'indépendance, à toutes les licences, à tous les luxes, à l'indifférence religieuse et presque à l'impiété. Dans une telle position et avec de tels éléments, vouloir imposer la République à la France c'est plus que de l'ineptie, c'est de la folie.

Les démocrates modernes parlent sans cesse au peuple des républiques antiques et exaltent outre mesure quelques faits saillants de patriotisme. Mais outre que ces faits sont éclipsés par les actes innombrables d'héroïsme que contient l'histoire des monarchies et particulièrement l'histoire de la monarchie française, il faut constater que dans les républiques antiques les deux tiers des habitants étaient esclaves et ne pouvaient, de par la loi, prendre aucune part à la vie sociale. Il était reconnu par tous les législateurs et par les philosophes que l'esclavage était nécessaire au gouvernement d'une république, ce qui devrait en être la condamnation aux yeux de nos modernes républicains.

Autre observation non moins importante. Des hommes de ce siècle, soi disant politiques, se sont épris d'un amour et d'un enthousiasme vraiment vertigineux pour la jeune république d'Amérique. Et cependant il était facile de remarquer que cette république sort à peine du berceau, qu'elle est le produit d'une atroce conquête et d'une émancipation sanglante, qu'elle ne s'est maintenue que par une dictature sans limite et en conservant l'esclavage le plus étendu et le plus dur. Chose étonnante ! L'instinct de la conservation a été si fort en elle et le bon sens si ferme que lorsque naguère, sous la pression de l'Europe et sous le respect humain de la tyrannie, elle s'est décidée à abolir l'esclavage, elle a eu soin d'exclure de l'urne publique les esclaves émancipés.

Du reste, il est incontestable pour tout homme sérieux que la passion effrénée des intérêts matériels et la corruption des mœurs, qui ont pris des proportions effrayantes, doivent conduire fatalement et rapidement cette jeune républ'que à des commotions fratricides, à une ruine effroyable ou à un despotisme comme l'histoire en compte peu.

XVII

Ce n'est pas l'une des moindres humaliations de ce temps si fécond en ignominies que le spectacle des fureurs républicaines contre Dieu, contre l'Eglise et tout ce qui touche à la religion. Le guet-apens du 4 Septembre fut à peine accompli à l'Hôtel-de-Ville et la république proclamée par les onze conspirateurs, que ces onze et les frères et amis se hâtèrent de battre en brêche Dieu et toutes les choses de Dieu. Toutefois, parmi les républicains, quelques-uns connaissent l'histoire, conséquemment ils sayent que le culte de Dieu, la piété, la vertu faisaient la base des républiques antiques, que les législateurs et les philosophes proclamaient toute république impossible sans religion et sans vertus. Eux-mêmes donnaient l'exemple en fréquentant les temples, en récompensant la vertu. En cela, ils se manifestaient profonds politiques, parce que la république est le gouvernement qui exige une plus grande somme de probité, de désintéressement, de sacrifices et de vertus. La république, en effet, par la nature même de sa constitution populaire, excite toutes les passions, l'ambition, les intrigues, les compétitions et les haines. Or, la religion seule peut calmer, diriger et modérer toutes ces effervescences.

D'autre part, les républicains actuels n'ignorent pas que c'est pour avoir banni Dieu de la société, détruit la religion, les églises et les prêtres que la République de 93 s'est déshonorée et effondrée dans son impiété et dans le sang de ses victimes. Ils n'ignorent pas qu'aux yeux du peuple, le nom seul de république fait encore suinter le sang et la terreur sur le front de ses partisans. Ils n'ignorent pas que la jeune république d'Amérique, avec le bon sens pratique qui la caractérise, ne connaît d'autres moyens de se maintenir et de prospérer que de prescrire l'observance des devoirs que l'homme doit à Dieu, de protéger et de favoriser la liberté religieuse.

Deux faits éclatants ressortent de ces données historiques : 1° Les républiques antiques ayant pour base la religion ont duré autant qu'une République peut durer et ont laissé de beaux traits de vertus et d'héroïsme; 2° Une république sans religion, ou plutôt anti-religieuse, n'a duré que quelques années, et dans son passage sinistre, a tenu la grande nation française dans la terreur et la servitude. Elle a versé plus de sang et fait plus de victimes que quatorze siècles de monarchie, elle a épouvanté l'Europe de ses forfaits, elle a dévoré la fortune publique et fait banqueroute, enfin elle a ramené les mœurs des sauvages dans le pays le plus civilisé du monde.

Hélas ! pour la France, l'expérience n'était pas complète ! Tous les esprits sont encore sous l'horrible impression de l'horrible république du 4 Septembre. Dans l'espace de deux mois elle a trouvé l'épouvantable secret d'accumuler tous les crimes, toutes les débauches, toutes les lâchetés, toutes les bassesses, toutes les laideurs, tous les despotismes, toutes les cruautés qui déshonorent une nation et qui la ruinent: Usurpation de Pouvoir, arbitraire, sanglante dictature, proscription de Dieu et de tout signe religieux, profanation des églises, violation de domicile, impôts forcés, pillages, incendies, guerres civiles, massacres sans jugements, folie d'une guerre à outrance, torrents de sang stupidement et inutilement versé, glorification solennelle du concubinage et de l'immoralité, renversement de la famille, violation de la propriété, perte de huit milliards et de deux provinces. Tel est, en abrégé, l'incomparable bilan d'une république de deux mois, mais athée.

On pourrait se demander : Est-il possible qu'il reste encore de républicains en France ? Ah ! c'est toujours le même nombre et jamais ils ne furent plus audacieux ni plus assurés d'un prochain triomphe. Mais, dira-t-on, peut-être tous ceux qui, après les infamies de la Commune, ne craignent pas de s'avouer républicains, ne sont pas des hommes d'impiété atroce, des hommes de dictature, de scélératesse et de ruines. Je le veux bien, mais dans ce cas, je suis autorisé à leur dire : Vous êtes des ignorants, ou des aveugles, ou des niais, mais certainement vous êtes des dupes et non moins certainement vous serez des victimes, car les mêmes causes produisent les mêmes effets, et les mêmes principes ne peuvent manquer d'engendrer les mêmes conséquences. Or, je fais un appel à l'intelligence et à l'expérience de tout homme honnête. Que peut être la république tant désirée des seuls démocrates ? Aura-t-elle pour base la religion qui seule pourrait la rendre honnête et modérée ? Examinons. Le nom seul de Dieu et de Providence exaspère et met en fureur tous les républicains nombreux qui siègent à la Chambre, et ce sont les chefs. Tous les frères et amis de la province répondent par des clameurs aussi furieuses et en font un écho infernal. Le grand Lama de la future république proclame le clergé la vermine, la lèpre de la France et prononce qu'il faut le détruire ou l'étouffer dans la boue, comme dit un autre chef soi disant philosophe et tous les républicains de France répètent le même oracle, et c'est un concert assourdissant d'injures, de calomnies et de menaces de mort. On voit à pleine vue avec quel zèle ils appliqueront la liberté de conscience et la liberté individuelle, ce sera la pratique de la fraternité républicaine. Ne semble-t-il pas que le sang des otages altère ces gens-là ! Du reste, ils ne déguisent pas l'horreur qu'ils ont du divin. Naguère, à un jour solennel de prières nationales, la France toute entière, l'Assemblée en corps, la magistrature, l'armée, toutes les administrations se sont rendues dans les églises afin de prier pour le salut de la patrie : Seules, les municipalités républicaines protestèrent par leur absence et déclarèrent ainsi qu'elles ne veulent avoir rien de commun avec Dieu, ni avec l'Eglise, ni avec la France catholique.

Voici un autre caractère des républicains qui ne s'est manifesté jusqu'à ce jour sous aucune zone ni sous un gouvernement quelconque, si barbare soit-il. Ils veulent faire la France à leur image dans l'athéisme, mais ce qu'ils appellent les préjugés de la superstition les gênent encore ; ils prennent un masque, le masque d'amis des lumières, et sous ce masque ils crient comme des fous contre l'obscurantisme de l'instruction religieuse et réclament à grands cris l'instruction obligatoire, gratuite et laïque. Ce n'est pas qu'ils aient le moindre souci de l'instruction du peuple, ils préfèrent de beaucoup l'ignorance du peuple aux principes religieux qu'il reçoit dans les écoles catholiques, leur histoire ne laisse aucun doute à cet égard, mais ils ne veulent qu'une seule instruction, l'instruction laïque, c'est-à-dire athée, afin que la France toute entière soit athée comme eux. Il est possible que la grande majorité des Français ne comprend pas le grand intérêt que les républicains peuvent avoir de faire disparaître Dieu et la religion de la société. Eh bien ! le jour est venu de briser le masque et de regarder en face les républicains athées.

Peuples, instruisez-vous ! Ces hommes qui se disent républicains athées ne peuvent-être en aucun sens républicains : ils n'appartiennent à aucun parti gouvernemental ou social. Ils ne sont que des sectaires de destruction, d'anarchie et de mort. Ils ne veulent pas de Dieu, parce que Dieu, vengeur des crimes, est l'infranchissable barrière à leurs infâmes projets. Ils ne veulent pas du Décalogue, parce que le Décalogue ordonne de respecter et d'honorer les pères et les mères, les supérieurs et les maîtres, parce que surtout le Décalogue défend de tuer, de voler, de piller et même de convoiter le bien d'autrui.

Or, la conclusion ne peut être douteuse. Si les républicains athées voulaient les droits de la justice, pourquoi auraient-ils en horreur Dieu qui punit le crime et récompense la vertu? Pourquoi repousseraient-ils avec tant de haine et de fureur le Décalogue qui réprouve le libertinage, l'adultère, le vol, le pillage, le meurtre et le pétrole incendiant?

Ah! il est grand temps que tout le monde apprenne, sache et n'oublie pas que jamais un honnête homme n'a pris Dieu en haine ni le Décalogue en horreur. Je sais que parmi les républicains il y a, comme nous l'avons déjà dit, des ignorants, des niais, des séduits, des liés par serments qui ne voient pas le terme fatal et horriblement coupable où ils sont entraînés, mais je le répète pour l'instruction de tous, les hommes ambitieux, intelligents, qui, par la parole et par la plume, acclament, soutiennent et proclament la république athée, ne sont pas et ne peuvent pas être républicains, ils ne font que se masquer de ce titre. Ils sont en réalité des sectaires, des sectaires nouveaux qui aspirent au renversement de l'ordre social et à la destruction de la famille et de la propriété par le fer et par le feu. Voyez-les, leur haine est incomparable contre les classes élevées et dirigeantes, et surtout contre la bourgeoisie qui possède. Tous les jours, comme certains de vaincre, ils déclarent avec arrogance que, sur les ruines de la société actuelle qui a suffisamment joui, il faut créer une société nouvelle avec des éléments nouveaux qui jouira à son tour du Pouvoir, des places et du capital. J'affirme que mes paroles ne renferment aucune exagération, elles sont plutôt au-dessous de la vérité.

Est-ce que Gambetta, trompette révolutionnaire et prophète de tous les républicains athées, n'a pas annoncé, dans un discours retentissant, l'avènement prochain de la nouvelle couche sociale qui doit renverser et pulvériser la société qui existe, dominer en souveraine sur la France et gouverner l'anarchie? Qui en Europe ne connaît le programme solennel de l'Internationale, cet organe hardi des républicains. Le voici en deux mots et dans toute sa nudité : Société nouvelle et pour cela massacre général des prêtres, des nobles, des riches et des bourgeois; accaparement de toute la fortune particulière et publique au profit du prolétariat, et, en cas de résistance, destruction par le pétrole de toutes les villes de France.

Et maintenent, Français, instruisez-vous !

XVIII

Nous avons considéré le Pouvoir sous les différentes formes que l'histoire nous présente; mais si diverses soient-elles le Pouvoir ne saurait en être altéré ni dans sa nature ni dans sa souveraine importance. Toutefois il reste évident aux yeux de tous que la forme républicaine lui enlève la plus belle et la majeure partie de son prestige par les fréquents changements que l'élection lui fait subir. Elisant si souvent le Pouvoir, le peuple s'imagine sans effort que c'est lui qui fait le Pouvoir, que le Pouvoir vient de lui et dépend de lui. Pour tout esprit qui réfléchit voilà la grande et secrète raison de la prédilection des libres penseurs, des impies et de tous les scélérats pour la forme républicaine. La république, en effet, est la forme gouvernementale qui a une plus grande affinité avec toutes les passions et avec tous les vices. Ce qui a autorisé à dire avec plus de raison qu'on ne pense sous la forme de jeux de mots : « Tous les républicains ne sont pas scélérats mais tous les scélérats sont républicains, » Les premiers peuvent être illusionnés ou à la bonne foi par ignorance ou entêtement devant l'histoire, mais les seconds possèdent dans la république le gouvernement qui convient à leurs mœurs et à leurs œuvres par l'expérience que nous en avons fait trois fois en France. Il est donc certain que la forme républicaine dans l'esprit du peuple amoindrit, diminue, humanise le Pouvoir et tend à lui enlever tout prestige divin. Voilà pourquoi la république, aux yeux de la raison, de l'histoire et de l'expérience est la forme inférieure de tout gouvernement social.

La monarchie élective à l'origine d'une société ou à l'extinction d'une dynastie est une forme gouvernementale beaucoup moins imparfaite que la république parce qu'elle favorise moins les passions populaires et qu'elle fournit beaucoup plus de garanties d'ordre, de paix et de bien. Enfin la monarchie héréditaire est la forme humainement parfaite du régime social. La raison en est évidente. Elle a pour base la stabilité qui garantit l'avenir et qui donne un libre essor au génie de l'industrie, aux entreprises commerciales, aux améliorations administratives. Elle a pour cortége l'ordre, la paix, la sécurité de tous, pour relief les beaux-arts, les belles-lettres, la science et les fruits du génie. Elle a pour couronnement la liberté parce qu'elle produit le calme des passions. Qui ne sait que plus les passions s'agitent plus la compression est nécessaire et que l'expansion de la liberté suit toujours le calme des passions. De là vient que le catholicisme bien pratiqué est le seul et le véritable générateur de la liberté individuelle, politique et sociale.

Qu'on me permette de donner ici le frappant contraste que la plume d'un grand génie a tracé entre le gouvernement démocratique ou la république et le gouvernement monarchique héréditaire. Il dit :

« La médiocrité réussit mieux dans la démocratie que le vrai talent, surtout lorsqu'il s'allie à un noble caractère.

» La flatterie, la servilité, la bassesse, une fausse habileté souple et patiente conduisent plus sûrement aux emplois que le génie et la vertu chez les peuples qui se disent libres.

» Le génie, d'ailleurs, et même le talent rencontrerait trop de difficultés, trouverait trop d'obstacles à ses entreprises dans un État démocratique.

» Pour atteindre un but important, pour opérer de grandes choses, le temps est indispensable ainsi que la suite dans les conseils. Cette persévérance est le propre des gouvernements monarchiques ; jamais ils ne sommeillent, jamais ils ne se lassent, jamais ils n'abandonnent un dessein conçu.

» Tout, au contraire, se fait au hasard, par entraînement ou par caprice dans les démocraties. Aussi n'eurent-elles jamais d'autre éclat que celui des armes ni d'autre prospérité que la conquête.

» Le Christianisme avait créé la véritable monarchie, inconnue des anciens ; la démocratie chez un grand peuple détruirait infailliblement le Christianisme, parce qu'une antorité suprême et invariable dans l'ordre religieux est incompatible avec une autorité qui varie sans cesse dans l'ordre politique. Le Christianisme conserve tout en fixant tout ; la démocratie détruit tout en déplaçant tout. Ce sont deux principes qui se combattent. Un principe d'unité et de stabilité, un principe de division et de changement perpétuel. »

Ces considérations si vraies, si profondes à la fois démontrent à quel degré le sens public a été perverti et les notions sociales élémentaires obscurcies par les sophismes et la démoralisation du cœur. Après quatorze siècles de monarchie et de gloires incomparables au dedans et dehors, de prépondérance incontestée, d'ordre, de paix et de prospérités ; après trois essais de république remplis de hontes, de malheurs, de misères, de confusion, de désastres et de ruines, est-il bien possible que la grande et spirituelle France, oublieuse du passé et de ses libertés légitimes consente à se tenir courbée sous le joug démocratique pour subir les dédains et les mépris de l'Europe ?

On ne peut en douter, cet abaissement inouï est bien le châtiment que Dieu a infligé à cette grande nation pour son indifférence religieuse d'abord et pour son apostasie ensuite. Dans les splendeurs de la gloire que le Christ lui avait faite, fille aînée de l'Eglise elle a banni Dieu de son gouvernement, elle a chassé le Christ de ses lois, elle a voulu ne relever que d'elle-même et la voilà tombée sans couronne dans la démocratie, servante de mille maîtres méprisés et qui la méprisent, esclave d'aventuriers parleurs et de dictateurs tarés et sceptiques.

On a dit et la conscience publique a ratifié la définition. On a dit : l'impiété est naturellement et nécessairement canaille. Et la noble France se laisse gouverner et régir par les impies.

Un autre grand orateur avait dit en parlant des républicains et de leurs actes : Ces gens-là sont capables de tout et ils ne sont capables de rien. Ce qui se traduit en termes clairs et corrects ces gens-là sont capables de tous les crimes et ils ne sont capables d'aucune vertu.

L'immense majorité de l'Assemblée nationale applaudit à cette définition parce qu'elle était l'expression d'une vérité trop évidente, sauf, je le répète, quelques rares exceptions.

Ou la France brisera le joug de l'impiété et de la démocratie et maudissant la république impie et athée rentrera dans l'honneur et les prospérités de la monarchie héréditaire, ou bien elle étouffera dans les convulsions de l'anarchie et mourra dans la misère et dans la honte. Telle est incontestablement l'alternative de nos destinées ; un milieu est impossible plus que jamais. Les logiques conclusions de Proudhon s'appliquent surtout à notre temps : Le Catholicisme ou l'athéisme. La monarchie ou l'anarchie.

Le soleil, comme l'insecte microscopique, a reçu du Créateur une destinée qui se déroule fatalement sous des lois inflexibles. L'homme, intelligent et libre, a aussi sa destinée, mais qui s'accomplit sous sa responsabilité dans les lois de sa nature. Par sa création, l'homme est fait religieux, moral et social. Il est soumis aux lois qui régissent ces trois rapports. Nul ne peut nier que l'homme ne soit redevable envers son créateur au moins de l'adoration et de la reconnaissance, car Dieu ne lui a pas seulement donné la vie, il la lui conserve à tous les instants de la durée. Nul ne peut nier que sous le regard perpétuel de Dieu, l'homme ne doive se conserver digne de Dieu dans les facultés de son être et par conséquent observer les lois de son honneur, qui sont les lois de la morale. Nul ne peut nier que l'état social ne soit pour l'homme sa condition de vivre et de se perpétuer. L'homme est donc obligé de respecter et d'observer les lois qui constituent la société. Voilà les principes éternels qui sont dans notre nature et qui font la base indestructible de la Religion, de la morale et de la société, et toute atteinte qui leur est portée revêt le caractère d'une criminalité plus ou moins grave. Nous nous occuperons spécialement des rapports de l'homme avec l'état social et particulièrement avec le Pouvoir.

Qui oserait dire que refuser à Dieu, créateur et maître souverain, ce qui lui est dû n'est pas un crime ? Qui oserait penser que souiller son âme et violer les droits d'autrui n'est pas un crime ? Or, si nous faisons l'application de ces incontestables doctrines au grand objet du Pouvoir dans la société, la criminalité prend des proportions colossales et effrayantes. Car observons bien que celui qui viole les lois de sa nature envers Dieu ou envers lui-même est sans nul doute coupable, mais son crime ne dépasse pas les limites de son être. Celui qui viole les droits d'autrui franchit les bornes de son individualité et multiplie son crime selon le nombre de personnes lésées.

Il est facile de saisir l'immense grandeur et l'énormité du forfait de celui ou de ceux qui attaquent et renversent le Pouvoir social. Ils se rendent coupables du plus grand crime qui puisse être commis sur la terre. Ils violent au premier chef la loi la plus élevée et la plus importante de la création, la loi fondamentale de la hiérarchie sociale, la loi même de l'ordre social. Ils violent la loi de justice dans son degré le plus élevé. Si le Pouvoir a subi l'élection, la parole est donnée, le consentement est acquis, il y a contrat synalagmatique qui lie l'honneur et la conscience, et que les lois divines et humaines sanctionnent. Si le Pouvoir est héréditaire et séculaire, le crime de son renversement se multiplie en raison des lois sociales qu'il viole. Il viole la parole et le consentement de la nation que les siècles ont sanctionné. Il viole les lois de la propriété, il viole les lois de la prescription, sauvegarde de l'ordre et de la paix. Il viole les lois de la vie sociale qui n'a d'existence que par le Pouvoir. Il jette partout l'épouvante et la perturbation. Il arrête le commerce, bouleverse tous les intérêts, soulève toutes le passions, provoque tous le crimes et compromet l'existence même de la société.

Voilà en raccourci le caractère de l'attentat contre le Pouvoir social. Sans nulle crainte d'exagération, on peut dire hardiment que la tyrannie et l'oppression que pourrait exercer le Pouvoir, sont incomparablement moins coupables et moins nuisibles à un Etat que le renversement et la destruction du Pouvoir, si surtout la nation sait opposer à la tyrannie et à l'oppression l'énergie de la résistance.

L'histoire constate, à la gloire de notre patrie, que ces essais et ces excès de tyrannie et d'oppression ne se sont produit en France que sous le règne de la République, aucun front des Rois de France n'a été et ne peut être marqué du stigmate de tyran, leur nombre cependant a été grand depuis quatorze siècles; tandis que l'histoire en énumère plusieurs par année durant la République. Louis XVI, qu'elle a tué, était le modèle des Rois par sa douceur, sa droiture et son extrême bonté. C'est cette bonté même qui fit le facile et horrible triomphe des républicains. Du reste, faussant l'histoire et la signification des termes, les révolutionnaires appellent tous les rois tyrans, et la même histoire nous dit s'ils sont eux-mêmes des agneaux. La monarchie héréditaire partage les priviléges du Catholicisme. Comme toutes les négations et toutes les erreurs religieuses, vivant en paix entre elles, se réunissent pour attaquer le Catholicisme, de même toutes les négations et toutes les erreurs politiques et sociales se réunissent pour combattre la monarchie héréditaire. Aux yeux de tout homme qui réfléchit, c'est la preuve infaillible que l'une est l'expression de la vérité politique et sociale, et l'autre l'expression de la vérité religieuse.

La raison oblige donc de remplacer la maxime révolutionnaire : L'insurrection est le plus saint des devoirs, par cette autre maxime seule, mais éminemment sociale : L'insurrection est le plus grand des crimes.

Toutefois, que l'insurrection succombe ou triomphe, les principes éternels de la justice ne changent pas. L'assassin ne saurait acquérir aucun droit sur sa victime et la victime ne perd aucun droit de vie. Le forban n'acquiert aucun droit sur l'objet de ses spoliations et le spolié ne perd aucun droit sur ses biens volés. C'est le cas d'appliquer l'adage de la jurisprudence de tous les siècles et de tous les pays : *Resclamat Domino.* Si le droit jouit d'une telle force à l'égard des intérêts privés, combien il est plus inflexible et inaliénable lorsqu'il s'agit de l'intérêt général, de l'intérêt social. L'insurrection déchaînée et triomphante est donc d'une impuissance radicale à détruire et même à ébranler le droit du Pouvoir régulièrement établi, et tout ce qu'elle peut entreprendre contre lui est de nulle valeur, car, ainsi que l'affirment la Religion, la raison et la sagesse des nations : Il n'y a pas de droit contre le droit.

C'est donc en vain que les révolutionnaires, les sectaires unis aux ambitieux, aux scélérats, aux hommes perdus de la rue, renverseront le chef de la nation, le souverain, le Pouvoir ; ils ne renversent pas le droit. Toutefois, la révolution peut se maintenir jusqu'à l'expiration du mandat conféré par l'élection et dans ce cas la nation rentre dans l'exercice de sa puissance d'élire un nouveau chef. Mais si le chef, le souvrain renversé, est le Pouvoir héréditaire, celui qui, à sa place, occupera le trône, tiendra le sceptre, exercera l'autorité souveraine, sera, de quelque titre qu'il se pare, frappé de réprobation. Il sera sans droit d'aucune sorte et il portera indélébile sur son front et dans la conscience de tous la marque infamante d'usurpateur et ce stigmate ne s'affaiblira pas par la durée, mais il grandira tout le temps que le souverain légitime détrôné ou un rejeton de sa race aura vie sur la terre. La raison en est que le droit ne prescrit pas et ne saurait jamais prescrire. Le droit ne tient pas du temps seulement, il tient de l'éternité, et Dieu est son appui et son défenseur.

XIX

Tout le monde politique de l'Europe se rappelle parfaitement que dans ces derniers temps les Hautes-Ventes italiennes ont ourdi, dans leurs antres sataniques, des machinations infernales contre les doctrines éternelles du droit et contre les droits des souverains légitimes. Dans son histoire de la Révolution en face de la Papauté, Crétinau Joly, sur des documents authentiques ne laisse aucun doute à cet égard. Or, deux hommes adeptes de la secte, l'un et l'autre carbonaro, servirent d'instruments dociles aux Hautes-Ventes. L'un, puissant par le génie de l'astuce et de l'audace et par l'ascendant qu'il exerçait sur l'ambitieux roi du Piémont : c'était Cavour. L'autre, également puissant par l'hypocrisie et la force matérielle, c'était Napoléon, Empereur des français. L'un et l'autre, et de concert, entreprirent de ruiner dans l'esprit des rois et des peuples les principes qui avaient fait et qui font jusqu'à ce jour la vie et la paix des nations. La postérité aura peine à croire les moyens iniques, malhonnêtes et audacieux que ces deux hommes mirent en œuvre et simultanément, mensonges, dénigrements, calomnies obstinées, dénonciations iniques, inventions soutenues de faits odieux, mémoires, rapports officiels, écrits périodiques. Ils firent retentir à la fois tous les échos de la presse européenne pour déconsidérer, déshonorer les souverains et exciter contre eux les passions libérales et les passions populaires. Le terrain ainsi préparé, c'est-à-dire les esprits égarés et trompés sur la conduite des rois et des princes, Napoléon et Cavour convoquèrent un congrès sur les droits et les faits des souverains.

Chose étrange et pleine de calamités pour un avenir prochain! En 1856, on vit les principales têtes couronnées de l'Europe réunies à Paris, dans la personne de leurs ambassadeurs, sous la présidence du ministre de Napoléon et sous la haute direction de Cavour, formuler les plus graves et les plus injustes accusations contre les souverains de l'Italie, et particulièrement contre le roi de Naples et le souverain pontife Pie IX. Ainsi, par l'organe insolent et l'astuce arrogante de Cavour, ministre de Victor-Emmanuel, et avec l'appui de l'hypocrisie de Napoléon, les rois de Prusse, d'Autriche, de Russie, la Reine d'Angleterre devinrent les complices des Hautes-Ventes qui avaient juré la destruction de tous les trônes de l'Italie pour établir la République universelle. Prodigieux aveuglement qui présente toutes les marques d'un châtiment du ciel! Aucun de ces potentats ne s'aperçut que chaque accusation formulée et acceptée contre les princes Italiens était un coup de marteau révolutionnaire contre leur trône, que chaque principe nouveau proclamé dans ce congrès qui restera fameux était un coup de hache contre les racines mêmes de leur puissance et de leurs droits légitimes. On peut affirmer hardiment que dans cette mémorable assemblée les rois en délire proclamèrent les droits de la révolution et signèrent leur déchéance à courte durée. Cavour et Napoléon se hâtèrent de le prouver aux princes italiens en attendant que la révolution le démontrât aux autres monarques et à son heure. Tout le monde sait sous quels prétextes, par quelles perfidies, par quels marchés et par quelles trahisons le roi de Naples, les ducs de Toscane, de Parme et de Modène furent renversés de leurs trônes et chassés de leurs Etats. Le monde catholique n'oubliera jamais la sacrilége hypocrisie de Napoléon pour faire spolier de ses domaines le Souverain Pontife. Avant d'entreprendre cette guerre révolutionnaire et sans motif contre l'Autriche, il osa adresser une proclamation au peuple français dans laquelle il affirmait que, loin de vouloir porter atteinte à la souveraineté du Pape, il allait l'affermir et le consolider dans ses Etats, et il assista, l'arme au bras, à l'envahissement des provinces pontificales et à leur annexion au royaume d'Italie. Là ne s'arrêta pas la duplicité. Pour empêcher les autres puissances de venger les droits de la souveraineté si odieusement outragés, il conclut avec le forban italien un traité dans lequel il stipula un principe nouveau, le principe de non-intervention. Ainsi se trouva consommée et légitimée par la force brutale la spoliation du Roi le plus débonnaire, le plus doux et le plus honnête. Toutes ces infamies furent sanctionnées par un semblant de suffrage universel, accompli sous la terreur du sabre et des baïonnettes. Lorsque la conscience publique indignée réclama les droits de la justice et le châtiment de la félonie, Napoléon fit répondre par la maxime nouvelle des faits accomplis, maxime des pirates et des scélérats. Le voile ne cache pas assez l'iniquité. Les esprits droits et les âmes honnêtes n'admettent pas et n'admettront jamais comme justes et légitimes, comme droits et principes, les hauts faits des brigands qui assassinent et spolient, les hauts faits des pirates qui capturent et qui volent. Telles sont historiquement et trop réellement les invasions et les annexions des Etats du Saint-Père par Victor-Emmanuel et son impérial complice.

Dans aucune époque de l'histoire on ne vit un tel scandale de doctrines pour couvrir des faits si monstrueux. Jamais on ne vit l'audace de l'hypocrisie porter si haut la franchise de la probité pour consommer des iniquités incomparables. Non seulement les rois de l'Europe ne s'indignèrent pas contre les forbans couronnés qui déshonoraient les couronnes pour spolier et chasser les rois, mais ils honorent les spoliateurs et abandonnent les victimes, ce sont les débauches de la royauté dans l'iniquité. Sous ces exemples si solennellement donnés, sous ces doctrines de brigandage si hautement pratiquées, l'esprit public de l'Europe a été universellement et profondément perverti. Il ne croit plus ni au bien ni au mal, ni au juste ni à l'injuste, il ne croit plus surtout à l'autorité divine et à l'inviolabilité des rois. Il s'organise partout et se prépare à prendre pour sa large part au banquet de la vie et son premier labeur sera d'abattre les rois qui sont son obstacle. Les rois, en effet, ne sauraient échapper à la responsabilité des doctrines qu'ils répandent ni des actes solennels qu'ils posent. Et lorsque leur iniquité est montée si haut qu'elle provoque la justice de Dieu, Dieu brise les rôis dans sa colère. Déjà, pour l'un d'eux, la justice s'est accomplie. Poussé par le délire de l'orgueil à une guerre folle et trois fois disproportionnée, presque au premier choc il est fait prisonnier et perd sa couronne dans une capitulation d'une honte incomparable. Le roi italien est condamné à être le geôlier du Pape-Roi, sa victime. Entouré des scélérats qui l'ont fait roi d'Italie pour préparer le règne de la démagogie, il est conduit sans trève et sans repos par toutes les hontes, par toutes les iniquités à une fin infâme. Qui donc ne voit aujourd'hui toutes les couronnes chanceler sur la tête des rois, complices des doctrines perverses et prévaricateurs de l'autorité divine et royale ?

Par cet exposé, il est facile de comprendre toute la responsabilité du Pouvoir. Si Dieu l'a fait si grand, si élevé, si divin, il sait le chatier s'il devient prévaricateur.

XX

Dans la dernière étude nous avons dit l'action satanique que les Hautes-Ventes italiennes avaient exercé contre le principe de la monarchie héréditaire du Pouvoir légitime. Si cette étrange puissance des sociétés secrètes n'a pas craint de se démontrer dans toutes ses tendances et dans toutes ses audaces, c'est qu'elle a rencontré deux têtes couronnées dignes d'elle, Victor-Emmanuel et Napoléon. Le succès a pleinement répondu à ses vues et les rois et les princes légitimes exilés et errants peuvent raconter aux rois et aux princes de la terre comment les trônes s'écroulent et comment tombent les couronnes sous l'hyprocrisie, la trahison et la force brutale. Un roi, mais un seul, n'a pas cédé à ces piéges et à ces fureurs. C'est Pie IX pape et roi. Sans doute l'excommunié usurpateur de ses Etats le tient prisonnier dans son palais, mais de sa prison même le grand Pie IX a fait un trône du haut duquel il flétrit l'hypocrisie, la violence et l'usurpation, du haut duquel il dénonce au monde et condamne les doctrines perverses des faits accomplis, de la non-intervention, des complots et de la révolte, du haut duquel il instruit les rois et les peuples des principes éternels du droit et de la justice. Cette attitude royale et surnaturelle de Pie IX au milieu de l'effondrement universel des empires, des vérités sociales, des âmes, des consciences, des caractères et même des espérances, est le spectacle le plus grand, le plus consolant et le plus magnifique que le soleil ait éclairé jusqu'à ce jour. Voix de Pie IX ! Est-ce la voix de Noë ? Sera-t-elle la voix toute-puissante et persuasive de Jonas ? C'est le secret de Dieu, mais dans l'un ou l'autre cas le salut dépend de nous.

Il me paraît très probable que ces immenses renversements de Pouvoirs accomplis avec tant d'iniquités et ces retentissantes catastrophes qui ont effrayé le monde et fait trembler les rois sur leur trône ne sont qu'un coup de main des Ventes italiennes, car ce n'est point là la voie sourde et tortueuse qu'elles suivent toujours et partout. Elles ont rencontré partout des têtes couronnées façonnées à tous les attentats, prêtes à tous crimes, liées par serment. Elles ont commandé et le coup a réussi au gré de leurs désirs. Maintenant la grande œuvre est faite, les principes modernes sont posés et admis, elles rentrent dans la voie détournée, prudente et sûre de la révolution. C'est sur ce terrain qu'il faut les examiner, les étudier et les suivre. Pour cela nous remonterons à l'année 1789 et nous serons rapide comme leur course :

Depuis longues années, mais particulièrement depuis Voltaire et les encyclopédistes, les doctrines les plus perverses avaient miné les bases du trône de Saint-Louis. Les énormités du *Contrat social* de J.-J. Rousseau étaient dans toutes les têtes. L'immoralité la plus scandaleuse descendant de la Cour avait envahi toute la noblesse et les classes élevées. Sur la religion et la vertu on répandait le persiflage et l'ironie. L'autorité divine et l'autorité humaine n'excitaient partout que le mépris. Un esprit frivole et insolent de libéralisme avait soufflé dans toutes les intelligences. Le gallicanisme le secondait de toutes ses hardiesses et la franc-maçonnerie, protégée et favorisée, mettait en ébullition tous ces éléments destructeurs. Les grands, les princes et la bourgeoisie, impatients du joug à des titres divers, aspiraient à une liberté sans limites et sans frein. Tous ces symptomes indiquaient une explosion prochaine.

Les âmes chrétiennes toujours clairvoyantes ne s'y trompaient pas. Dans leurs sollicitudes, elles ne cessaient d'avertir le Pouvoir et la société de l'abîme qui était béant. C'est sous leurs inspirations que furent rédigés ces immortels cahiers de charges dans lesquels tous les abus disparaissaient et toutes les libertés étaient proclamées. En vain Louis XVI, père du peuple, toujours bon, toujours juste, redressa tous les abus et de son autorité royale proclama toutes les libertés légitimes, rien n'y fit, il était trop tard. La révolution était prête, organisée : elle éclata. Son début impie et insolent laissa apercevoir toutes les calamités qu'elle recélait dans son sein. Le premier acte de son audace fut de se déclarer, par l'organe de ses représentants, rivale de la royauté. Bientôt elle se constitua supérieure au Pouvoir royal, et bientôt encore seul Pouvoir légitime de la nation, traitant de tyran le plus doux et le plus honnête des monarques. Enfin, elle mit à ses forfaits le sceau sanglant du régicide. Le procès et la condamnation de Louis XVI resteront dans les annales des peuples comme un stigmate d'iniquité, de honte, de cruauté et d'horreur sur le front de la révolution ; ce sera comme une marque sanglante et divine de Caïn disant régicide à tous les siècles et à toute créature. Le procès était impossible parce qu'il manquait de toute base, la condamnation était plus impossible encore car elle n'avait pour motifs que les vertus du Roi. M. Desèze donna la véritable signification du procès et de la condamnation, lorsque se levant pour la défense du Roi de France, il adressa à tous les membres de la Convention ces paroles foudroyantes et ratifiées par la postérité : Je cherche parmi vous des juges et je n'y vois que des accusateurs. Il pouvait ajouter : et des bourreaux. Louis XVI a eu un tort, mais un seul : Il a manqué d'énergie pour combattre la révolution et pour défendre la royauté.

Le 21 janvier 1793 de lugubre mémoire, ce n'est pas la tête seule du roi de France qui tomba sous le tranchant de la guillotine, avec elle tombèrent l'honneur de la France, l'ordre, la justice, la paix et le bonheur de la nation. A leurs places et pour l'exemple et l'épouvante du monde régnèrent l'atroce, la stupide et la dégoûtante démagogie, la discorde et la terreur sur toutes les têtes, la mort érigée en système gouvernemental, les incendies, les spoliations, la famine, la banqueroute, et, par dessus tout, l'infernale impiété. La France, le beau et noble royaume de France, devint un immense chaos de crimes, de blasphèmes, de forfaits, d'injustice, de violence, de sang et d'horreurs, jusqu'à ce que Dieu, indigné de tant de scélératesses, suscita une dictature militaire qui enchaîna et baillonna la révolution. Dans ce moment, Napoléon Bonaparte tout puissant tenait dans ses mains les destinées de la France.

XXI

Napoléon Bonaparte, maître de la France, dictateur sans contrôle, pouvait s'immortaliser dans l'histoire, dans la reconnaissance de la France, de l'Europe et du monde entier en rétablissant sur le trône le chef de la monarchie héréditaire, le Pouvoir légitime. Et alors, que de calamités, que de malheurs évités, que de sang français épargné ! Le courage des grandes vertus et de l'abnégation manqua à Napoléon. Il lui manqua d'autant plus qu'au milieu des fumées de l'adulation et des énivrements de la puissance et des victoires, il reconnaissait en lui l'absence d'une autorité incontestée et l'importance majeure du principe de l'hérédité. Les documents historiques ne laissent aucun doute à cet égard. A plusieurs reprises il descendit jusqu'à oser supplier Louis XVIII d'abdiquer en sa faveur, et tout le monde connaît le refus plein d'honneur et de majesté de ce monarque exilé et sans appui. Aussi Bonaparte répétait souvent, dans les anxiétés de sa position et peut-être aussi de sa conscience : Que ne suis-je mon petit-fils ! Il répudia les gloires immortelles de Monck et préféra, par ambition, le rôle méprisable et funeste d'un usurpateur, c'est-à-dire que ce grand génie resta incomplet et s'abaissa à continuer la révolution sous le titre d'Empereur. Il n'est pas téméraire de penser que le dépit de ne pas être Pouvoir légitime lui fit souiller sa gloire par les crimes qu'il commit sans motif contre les Bourbons. Il ne se maintint sur le trône qu'à l'aide de sanglantes victoires sans profit pour la France et appuyé sur l'exercice formidable d'un despotisme qui ne supportait pas de résistance. Son usurpation et son orgueil disparurent dans la honte la plus solennelle qui fut jamais. Il avait tenu tous les rois de l'Europe courbés à ses pieds, et le sombre rocher de Sainte-Hélène, au pied duquel le soldat anglais montait la garde, abrita son dernier soupir. Ainsi finit l'usurpateur le moins coupable à son origine et le plus heureux dans sa vie.

Aussitôt après les désastres providentiels de Waterloo, dernière étape de l'usurpation la plus glorieuse, la monarchie héréditaire fut restaurée aux applaudissements et aux larmes de bonheur de la France toute entière, et, je ne crains pas de le dire, de l'Europe, qui voyait en elle son repos et sa sécurité. Toutefois, cette restauration tant désirée et qui offrait de si belles espérances eût le malheur d'être présidée par un roi philosophe et libéral qui ne se contenta pas, en montant sur le trône, d'introduire dans sa charte les éléments de révolutions, mais qui favorisa l'expension de l'esprit irréligieux et révolutionnaire. Protégée presque ou du moins ouvertement tolérée dans son expression la plus hardie, l'impiété releva la tête, poursuivit de nouveau et librement de ses sarcasmes et de ses haines la religion et les ordres religieux, et trouva le secret de faire interdire les missions catholiques. Plus libéral que religieux, Louis XVIII ne s'apercevait pas qu'il creusait lui-même et chargeait la mine qui devait faire sauter son trône peu consolidé encore. C'est bien plus, il fournit lui-même la mèche qui devait mettre le feu, car il toléra et favorisa les sociétés secrètes, le carbonarisme et la franc-maçonnerie, qui tous les jours battaient en brèche l'autorité royale et l'autorité religieuse. Dès lors, des catastrophes certaines et prochaines étaient prévues. En peu d'années, la France perdit le bénéfice de ses malheurs et de ses cruelles expériences, elle rentra dans les grands courants de l'impiété et de la révolution, car l'une ne va pas sans l'autre.

Successeur de Louis XVIII, Charles X, prince excellent par les qualités de l'esprit et du cœur, mais timoré et d'un caractère faible, ne possédait pas l'énergie nécessaire pour poser une barrière infranchissable aux flots révolutionnaires qui débordaient de toutes parts. Loin de le favoriser dans la résistance qui seule pouvait sauver la France, le régime constitutionnel le poussait sans cesse dans les eaux d'un libéralisme presque impie. De concession en concession, il fut emmené, lui, Roi catholique, à sacrifier aux obsessions et presque aux menaces d'une Chambre libérale l'ordre religieux le plus pur, le plus savant, celui qui soutenait non pas sans crainte seulement les droits éternels de Dieu et les droits de l'autorité sociale, mais qui les défendait hautement, partout et au péril de son existence. Enfin, les flots révolutionnaires grossirent à un degré si élevé que dans un bal donné par Louis-Philippe au Palais-Royal, où étaient réunis des rois, des princes, tous les plus hauts personnages de l'Etat et surtout de la finance et du commerce, M. de Salvandy, ministre, pût dire, en contemplant le personnel de cette assemblée : Nous dansons sur un volcan. Jamais prophétie ne fut plus littéralement et plus tristement réalisée. En effet, malgré un règne de paix, de grandes libertés et de prospérités incomparables, malgré l'état éblouissant de gloire et de richesses de la conquête d'Alger, dans le court espace de trois jours le trône de Charles X fut renversé, et cette glorieuse, fière et honnête dynastie des Bourbons subit de nouveau les horreurs imméritées de l'exil, cette fois elle fut poliment accompagnée sur les plages étrangères par la révolution, dignement représentée par les libéraux.

Après cette catastrophe, on vit quelque chose de monstrueux qui rappelait les horreurs et les infamies du paganisme. Louis-Philippe d'Orléans, Prince voltairien, hypocrite, ingrat, traître à sa famille et à tous ses devoirs, parjure à ses serments, osa escalader le trône de Charles X après avoir conspiré pendant quinze ans contre son roi légitime. On affirme que cédant aux sollicitations réitérées de Charles X, Louis XVIII consentit à réhabiliter Louis-Philippe dans tous ses droits de Prince du sang, mais lorsqu'il eut signé l'acte de réhabilitation, il remit la plume à Charles X, alors comte d'Artois, en lui disant : Gardez cette plume, elle vous servira à signer votre abdication. Cet homme, digne fils de son père Egalité, n'avait pu échapper à l'œil clairvoyant de Louis XVIII, mais jusqu'à la fin il abusa Charles X. Jamais usurpation ne fut plus inique, plus scélérate, et moins colorée que la sienne. Aucun semblant de justification ne peut la couvrir, ni l'oppression, ni le despotisme du règne précédent qui succomba par trop de concessions de libertés et par trop de faiblesses. Elle n'eut pas même le vernis d'une élection populaire. Louis-Philippe avait la conscience de son forfait et de la répulsion qu'il excitait dans toutes les âmes honnêtes. Aussi, malgré ses grands désirs, il n'osa jamais faire sanctionner son usurpation par le vote du peuple.

Toujours plein de fourberie et d'audace, il se proclama, non plns Roi de France, mais Roi des Français par la volonté nationale.

XXII

L'astuce, la couardise et les intérêts matériels furent l'âme du règne de Louis-Philippe. Pour se maintenir au Pouvoir, il parlait sans cesse d'honneur national à la France et se tenait à deux genoux aux pieds des puissances étrangères. Tous les ans, pendant quinze ans, il fit solennellement proclamer par ses deux Chambres que la nationalité polonaise ne périrait pas, et, dans le même temps, il affirmait au Czar que ces proclamations n'étaient que des paroles pour contenter le peuple. Cet avertissement était un soin inutile : L'Empereur de Russie connaissait très bien Louis-Philippe, il savait parfaitement que ce Roi citoyen jouait la comédie. Il commit les bassesses les plus ignobles pour séduire la populace et se faire croire Roi populaire, il se fit proclamer, par le vieux Lafayette, la meilleure des républiques. Pour plaire aux financiers,au commerce, à tous les spéculateurs, il favorisa sans mesure et scandaleusement les intérêts matériels, l'agiotage, les spéculations malhonnêtes. Il mérita qu'un de ses plus grands ministres, et le plus austère, osa dire en pleine Chambre ces paroles si étranges dans la bouche d'un homme d'Etat : « Enrichissez-vous, cela suffit. » Louis-Philippe croyait racheter ax yeux de la nation le crime de son usurpation par l'expansion de la richesse et par l'assouvissement des passions et des jouissances matérielles. Sceptique et avare, il n'avait pas compris que les jouissances matérielles matérialisent les âmes, conduisent à la démoralisation et à toutes les injustices. Aussi, on vit deux de ses ministres traduits devant les tribunaux, condamnés et flétris comme voleurs, et les marches de son trône souillées par de sanglantes immoralités. Toutefois, ce règne chargé de tant de hontes et de turpitudes touchait à sa fin. Le principe inique qui avait porté au trône Louis-Philippe avait germé dans tous les esprits, et surtout dans l'esprit de la multitnde. Il avait dit lui-même, il avait fait enseigner comme maxime sociale que l'insurrection est le plus saint des devoirs. La Providence se chargea de réfuter cette grande erreur en en faisant la solennelle application à ce grand coupable et dans un concours de circonstances où sa main devait être visible à tous les yeux. En effet, après dix-huit ans d'un règne matériellement très heureux, Louis-Philippe jouissait, dans la paix universelle, de tous les bonheurs et de tous les avantages de la royauté. Il était entouré d'un famille splendide. Cinq rrinces adorés du peuple et plusieurs illustres déjà dans les armes. une armée magnifique commandée par les plus grands généraux de l'époque. Pour ministres, une pléiade d'hommes d'Etat les plus remarquables de l'Europe. Des finances à l'apogée de la prospérité. Jamais rien d'humain n'avait paru plus beau, plus illustre, plus fort, plus solide et défiant l'avenir et ses tempêtes. Et voilà que tout à coup, sans motifs apparents, au milieu de projets de banquets réformistes, sous la voix et l'action d'une insurrection comme d'un châtiment terrible, toute cette éclatante auréole de puissance, de force, de bonheur et d'avenir s'éclipsa. Roi, princes, ministres, hommes d'Etat, armée, finances, trône, tout s'effondra pêle-mêle dans un abîme sans fond. La France se trouva de nouveau sans Pouvoir, sans gouvernement, dans le chaos de l'anarchie, se débattant dans les convulsions révolutionnaires. Des misérables sans foi et sans principes se proclamèrent eux-mêmes gouvernement et exercèrent aussitôt une dictature tyrannique. De nouveau aussi, par le besoin de vivre, la grande France dût courber la tête et accepter les ignominies et les rigueurs révolutionnaires. Elle faisait la seconde expérience de l'abandon du principe monarchique héréditaire.

Cette chute subite et honteuse de la seconde usurpation vengea d'une façon terrible le principe violé de la légitimité. Son éclat, les désordres et les malheurs qui en furent la suite, auraient dû éclairer et convertir la France, mais les jouissances matérielles l'avaient pervertie et hébêtée. Les erreurs sociales, répandues à profusion et érigées en principes, l'avaient aveuglée. Au lieu de rappeler de l'exil son vrai Roi qui lui aurait donné la paix, le repos et la prospérité, elle se laissa faire et accepta la république, c'est-à-dire le régime le plus antipathique à son instinct, à son génie, à ses goûts et à ses mœurs. Le régime qui soulevait toutes les terreurs en lui rappelant les sanglantes saturnales et les malheurs de la funeste époque de 91 à 95. Alors, Louis-Napoléon, petit-fils de Bonaparte, usurpateur, héritier de l'ambition et de l'astuce de son oncle, connu en Italie par ses conjurations et ses révoltes contre l'autorité légitime, connu en France par les conjurations de Boulogne et de Strasbourg, peu satisfait de la présidence de la république, appela le peuple français à le proclamer Empereur. La France, oublieuse d'un passé encore vivant et dans la crainte de pire, le fit Empereur par huit millions de suffrages. Elle devait apprendre, par une cruelle expérience, ce qu'il en coûte de répudier la justice pour embrasser l'iniquité.

Le premier mépris que cet Empereur infligea à la nation française fut d'oser se faire acclamer Napoléon III. Par cette acclamation, il voulait que la France donnât au monde la mesure de ses abaissements et de sa stupidité. Il prétendait bien en effet que par ce plébiscite la spirituelle France déclarerait Louis XVIII et

Charles X usurpateurs en sanctionnant, pour le passé comme pour l'avenir, la légitimité de sa succession au trône de Napoléon Ier. C'était l'impudeur de l'audace et l'audace du mépris. Il faut le dire la rougeur au front, la France accepta l'un et l'autre, tant le niveau de sa fierté et de son sens moral s'était abaissé.

Mis ainsi en possession de la France, le nouvel Empereur la traita en nation conquise. Il l'écrasa d'impôts, il la satura de matérialisme et d'impiétés, il donna lui-même l'exemple de l'immoralité et de la corruption, il favorisa de tout son pouvoir tous les débordements et tous les blasphèmes de la presse et de l'enseignement public contre Dieu, la religion, l'Eglise et toutes les vertus. Carbonaro distingué, il subit toutes les exigences des sociétés secrètes qui l'obligèrent à persécuter les conférences de Saint-Vincent-de-Paul. Hypocrite maladroit, mais obstiné, il travailla pendant vingt ans sous des paroles et des promesses de bienveillance à ruiner le Pouvoir temporel du Pape. Il ne trompa ni le Pape, ni l'Europe, ni la France ; mais la France et l'Europe, corrompues, lui laissèrent jouer ce jeu cruel et infâme jusqu'au jour où, déclarant une guerre stupide à la Prusse, il rappela en France les derniers soldats français qui protégeaient encore le Souverain Pontife et la ville de Rome. C'est par cet acte sacrilége de félonie qu'il vendit le Vicaire de Jésus-Christ à Victor-Emmanuel, moyennant la neutralité de l'Italie. C'est à l'accomplissement de ce dernier parjure que l'indignation et la justice de Dieu attendaient ce grand coupable. Il subira la perte de sa couronne, les malédictions de la France et la plus grande honte que le soleil ait éclairée ! Oui, la capitulation de Sédan avec quatre-vingt-cinq mille hommes des troupes les plus valeureuses du monde restera dans l'histoire comme une honte incomparable et surtout comme le châtiment divin de la trahison envers le Souverain Pontife.

XXIII

A la nouvelle foudroyante de la capitulation de Sedan, la France se sentit inondée de tristesse et d'humiliations, et bientôt l'orgueil et la colère faisant place aux humiliations, elle maudit l'auteur de ses hontes, son incapacité militaire, sa folle vanité et son ambition, elle le voua à un opprobre éternel et le déclara pour toujours indigne de régner. L'Assemblée nationale, partageant le sentiment universel, prononça la déchéance immédiate de Napoléon. C'est après un règne d'usurpation, de dictature, de corruption, de scandales et de malheurs que Napoléon Ier et Napoléon III ont disparu dans les hontes d'une défaite laissant la France livrée à toutes les horreurs du vide et de l'anarchie. Conséquence naturelle et nécessaire de la destruction de l'hérédité du Pouvoir, et par Pouvoir j'entends non le Pouvoir usurpé, toujours chargé de la malédiction de Dieu parce qu'il est une injustice sociale, mais le Pouvoir légitime, la monarchie héréditaire. Je ne crains pas de dire et je dis hardiment d'après la religion, la raison et l'histoire que la France restera dans les agitations révolutionnaires, dans les écrasements de la dictature, dans les humiliations et le malheur tout le temps qu'elle violera les principes de la justice sociale en ne rétablissant pas sur le trône de France l'héritier légitime de ses Rois. En vain elle voudra trois ou quatre fois essayer de la république et établira des présidents, en vain elle portera des princes sur le trône et les fera régner. La parole que Dieu a prononcée par la voix du prophète Osée ne périra pas, elle est éternelle, expression de l'éternelle vérité et avertissement perpétuel aux nations. Cette parole dit : Les peuples ont établi des princes à la place des rois légitimes et je ne les ai pas reconnus. *Principes constituerunt et non cognavi.*

Pendant que l'Assemblée nationale décrétait la déchéance de Napoléon, de grands mystères d'audace et d'iniquités s'accomplissaient dans la capitale. Onze députés, tous avocats et démocrates, mais aussi pleins d'orgueil et sans foi se firent suivre à l'Hôtel-de-Ville par quelques centaines de canaille, et là ils se proclamèrent eux-mêmes gouvernement provisoire et immédiatement de leur autorité propre ils décrétèrent la dissolution de la Chambre, l'abolition du Sénat et proclamèrent la République. La Chambre et le Sénat bonapartistes se soumirent docilement à l'insolence de ces décrets et la France cria vive la République et hurla la *Marseillaise*. Une révolution n'est pas plus difficile que cela dans le pays le plus spirituel du monde mais qui a perdu le sens même de l'honneur, de sa dignité et de sa conservation. On peut dire, en France surtout, que le principe de la monarchie héréditaire et traditionnelle manquant, la nation est destinée à rouler perpétuellement dans le traquenard révolutionnaire. Pour maintenir et consolider leur république, les Onze se hâtèrent de produire les actes de la dictature la plus tyrannique et la plus barbare que l'on vit jamais. A coup de décrets ils révoquèrent en masse les préfets, les conseils généraux, municipaux, les maires, les juges de paix, les commissaires de police, jusqu'aux gardes champêtres. Ils jetèrent sans ressource sur le pavé cette immense quantité de fonctionnaires et les remplacèrent par de prétendus républicains presque tous tarés, sans foi, sans mœurs, mais surtout impies, portant dans leur cœur une haine féroce contre Dieu, la religion, l'Eglise et particulièrement contre les prêtres et les ordres religieux. Paris, Lyon, Marseille, Grenoble, Toulouse et d'autres villes subirent l'oppression et la rage de ces forcenés. L'Europe entière fut témoin du déshonneur le plus ignoble qui put tomber sur la France. Elle vit un parti pris d'ignominies et d'infâmies ; elle vit ces onze dictateurs appeler pour la défense de la patrie l'italien Garibaldi, l'homme ignoble par excellence, forban, flibustier, incapable, vantard, chargé du mépris des deux mondes, la honte de la vertu et de l'honneur, l'exécuteur des œuvres d'iniquité et de brigandage. On les vit recevoir, à Tours, ce Garibaldi avec des honneurs princiers et le nommer *généralissime* et *plénipotentiaire* de l'armée de l'Est. Dans l'extension incommensurable de ses malheurs, la France ne pouvait pas recevoir une plus profonde et plus sanglante flétrissure. Singulière république qui a pour origine la trahison de la nationalité, représentée par la Chambre des députés et l'usurpation par un audacieux coup de main, qui a pour relief le déshonneur et l'infâmie, pour principes l'impiété, l'athéisme, la spoliation et la haine de la religion et du bien. Son application à la société répond sur tous les points à ses principes. A Paris assiégé par les Prussiens l'impie philosophe Jules Simon, digne ministre d'une telle république, rétablissait dans les hautes chaires de l'enseignement Edgard Quinet, homme satanique qui avait solennellement juré d'étouffer le catholicisme dans la boue, et l'antechrist Renan qui avait épouvanté le monde par l'audace de ses négations religieuses. Il enlevait toutes les écoles aux maîtres chrétiens, faisait disparaître de toutes les écoles l'image du Christ, l'enseignement religieux, le catéchisme et même les prières, s'emparait de toutes les églises et les changeait en clubs. D'autre part, le ministre des affaires étrangères, l'innommable Jules Favre, présidait officiellement à l'érection de la statue de Voltaire, l'insulteur de

Jésus-Christ et de la France et le courtisan ignoble de la Prusse. Il stipulait la vente de Rome et du Pape moyennant 60,000 hommes que Victor-Emmanuel fournirait contre les Prussiens. Déjà il avait refusé la paix après la capitulation de Sedan, sachant bien qu'il livrait la France entière à l'invasion et à la ruine, mais il voulait garder la République, car aux yeux de ces grands patriotes il faut suivre la devise républicaine : Périsse la France plutôt que la République. Pendant que ces impiétés et ces abominations s'accomplissaient à Paris, à Lyon, à Marseille, à Grenoble, à Dijon à Toulouse et ailleurs les préfets de la République envahissaient, pillaient et souillaient les couvents, fermaient les écoles chrétiennes, incarcéraient les religieux ou les expulsaient du territoire. C'était l'impiété triomphant, la persécution, l'oppression, la dictature et la terreur. On était sur la grande et lugubre voie de 93, comme alors on voulait une république athée sans liberté de culte et sans liberté de conscience, c'est-à-dire la liberté de tout nier ou la mort. En d'autres termes on voulait faire de la France un peuple esclave et sauvage pour l'exploiter sous le fouet de la dictature ou les tortures de la tyrannie, car l'histoire ne connaît pas de tyrans plus cruels que ceux que la république française nous a fournis jusqu'à ce jour.

Tous ces événements liberticides s'accomplissaient dans le moment même où les Prussiens assiégeaient Paris, inondaient de leurs armées dévastatrices les tiers de la France, forçaient toutes nos places fortes, s'emparaient de toutes les grandes villes, les pillaient ou les rançonnaient. Ils abusaient sans doute des droits de la conquête, mais ils voulaient réduire à l'impuissance et livrer au mépris des peuples la grande nation tant redoutée et tant admirée. Peine inutile, ils n'avaient qu'à laisser faire les républicains, personne ne s'entend mieux qu'eux à ruiner, à opprimer et à dégrader les peuples.

XXIV

Le Roi d'Italie, Victor-Emmanuel, profita avec audace des désastres de la France. Au mépris de ses plus solennels engagements et de la signature du gouvernement français, il envahit sans déclaration de guerre les provinces pontifìcales, bombarda Rome, s'en empara et fit le Pape son prisonnier. On donne comme certain, et les plus graves journaux affirment sans être démentis, que Jules Favre, ministre des relations étrangères, avait conseillé et approuvé d'avance ce brigandage politique et sacrilége, à la condition que l'Italie fournirait à la France un secours de 60,000 hommes pour l'aider contre la Prusse. Si ce pacte satanique a été conclu, l'histoire le dira un jour pour l'éternelle honte de la république, mais ce qu'il y a d'incontestable, d'authentique, c'est que M. Sénard, ambassadeur de la France auprès de la cour de Florence, adressa publiquement, au nom de son gouvernement, un discours de pompeux éloges à Victor-Emmanuel sur la spoliation et les actes de brigandage qu'il venait de commettre contre Rome et son Pontife. Je ne sais si l'audace de ces éloges renferme quelque chose de moins odieux et de moins criminel que le pacte satanique. Il est certain que celui qui peut l'un, peut l'autre. Dans le paganisme même, on trouverait difficilement une absence d'honnêteté si absolue et une si grande audace. Non-seulement Jules Favre ne saurait adresser un seul reproche à la politique de l'empire, il l'a beaucoup dépassée en fourberie et en cynique audace, mais ses éloges à Victor-Emmanuel le placent au degré le plus bas de la civilisation dans l'opinion publique. C'est bien sans doute la même scélératesse diplomatique, la même stupidité politique et la même impiété. Mais Napoléon était dans son rôle d'Empereur en faisant les affaires d'un Roi, mais Jules Favre républicain était traître à la République et apostat de son principe en travaillant à la grandeur et à la consolidation de la monarchie italienne.

Toutefois, le forfait républicain ne resta pas plus impuni que le crime de l'empire. Mais le premier, plus odieux, a reçu un surcroît de honte nationale, car l'histoire l'a cent fois démontré, tout attentat contre le Vicaire de Jésus-Christ est suivi de châtiment. Le châtiment de la France a été terrible. D'abord, par une dérision pleine d'insultes et de mépris, Victor-Emmanuel envoya en secours à la France le brigand Garibaldi à la tête d'une bande de brigands qui déshonoraient l'armée française en même temps qu'ils épouvantaient les contrées qu'ils parcouraient. Bien que le gouvernement provisoire et toute sa presse aient cherché à travestir en victoire leur couardise et leur fuite devant l'ennemi, l'opinion publique, basée sur des faits et des documents incontestables, regarde leur présence en France comme un déshonneur et une calamité. Il ne restera de leur passage que le blasphème, l'immoralité, l'incendie, le pillage, les églises et les couvents saccagés et pollués. Tel est le résultat de la politique de Jules Favre du côté de l'Italie.

Dieu vengea plus solennellement encore le chef vénéré de l'Eglise. Du jour où Sénard, l'impie ambassadeur, décerna, au nom du gouvernement, des éloges publics au Roi excommunié pour le sac de Rome, les armées françaises furent frappées d'impuissance et de honte. Ministres et généraux perdirent la tête, les ordres contradictoires se croisèrent sur tous les points du territoire, partout et pour la première fois les troupes françaises lachèrent pied et fuirent devant l'ennemi. Autant de combats, autant de défaites humiliantes. En province, plus de 800,000 français furent battus par 400,000 allemands, et à Paris, 600,000 combattants durent capituler contre 400,000 assiégeants. Jamais la France n'avait subi pareille honte, et la coupe des humiliations n'était pas épuisée, le premier et le grand coupable envers le Souverain-Pontife devait boire la lie la plus amère. En usurpant le Pouvoir par un coup de main d'une audace inouie, Jules Favre et ses complices avaient osé ploclamer en face de la France et de l'Europe qu'ils étaient seuls capables de sauver la France de l'invasion des Prussiens et ils s'intitulèrent ministres de la défense nationale.

Une emphatique proclamation signée de Jules Favre imposait la république à la nation et déclarait que la république ne céderait ni un pouce de territoire, ni une pierre de nos forteresses. Et cet audacieux républicain, dévoré d'orgueil et d'ambition, a été amené à signer non-seulement la capitulation de Paris, mais une paix honteuse, mais la cession de l'Alsace et de la Lorraine et de toutes les forteresses de l'Est, mais une indemnité de cinq milliards et l'abandon de tout le matériel de guerre. A cette honte solennelle et indélébile la Providence a mis un surcroît, elle a déchiré le masque de moralité et d'intégrité derrière lequel Jules Favre s'était longtemps caché. Un procès retentissant a réduit en poussière ces apparences d'intégrité et de moralité et il n'est resté qu'un homme méprisable et méprisé de tous. Je ne sais si l'histoire présente l'exemple d'un tel coupable et d'un tel châtiment.

L'infatuation révolutionnaire qui se croit capable de tout et qui n'est capable de rien avait refusé la paix après la capitulation de Sedan, paix relativement très heureuse puisqu'elle conservait à la France tout son territoire, toutes ses forteresses et n'exigeait qu'une indemnité de guerre de deux milliards avec le démentellement de quelques forts. C'est encore le fatal Jules Favre, ministre des affaires étrangères dans le gouvernement de la défense nationale, qui refusa la paix. Ce refus inepte et révoltant révolta l'orgueil allemand qui se promit de châtier notre superbe par une honte incommensurable. En peu de jours, presque toutes nos provinces du Nord et de l'Est furent envahies, rançonnées et pillées ; onze cent mille hommes levés à la hâte se fondirent sous la mitraille ennemie ; Paris assiégé et bombardé se tordait dans les angoisses de la sédition et de la famine. La ruine universelle était inévitable, les jours de la patrie étaient peut-être comptés, lorsque une force supérieure et les cris de la détresse publique obligèrent l'orgueilleux Favre à aller implorer la paix aux pieds du vainqueur. La Providence inclina le cœur de Bismark à la clémence, mais non sans flétrir d'un mépris européen l'audacieuse et stupide usurpation du 4 Septembre : Il refusa de traiter avec les ministres usurpateurs de la défense nationale, et dans les préliminaires de la paix, Jules Favre dut signer l'obligation de convoquer immédiatement la France dans ses comices pour élire des représentants de la nation qui formeraient un gouvernement régulier.

Cet acte imposé, qui ne visait probablement que les intérêts matériels de l'Allemagne dans la pensée de M. de Bismark et du Roi Guillaume de Prusse, fut un acte de haute politique et de suprêmes espérances pour la France C'était en effet la condamnation et la répudiation solennelles d'une usurpation odieuse et inique. C'était les auteurs de cet attentat traités en brigands qui indignent et repoussent la confiance, dont les droits ne peuvent être reconnus et avec lesquels les gens honnêtes ne traitent pas. C'était enfin le salut de la France remis, quoique bien onéreux, entre les mains de la nation. A cette nouvelle des préliminaires de la paix, un immense soulagement se fit dans tous les cœurs, malgré les angoisses de l'humiliation et de la défaite : Un horizon moins sombre s'ouvrit aux regards de tous, on espéra presque le bonheur et la gloire dans un avenir prochain. Or, la France n'était ni folle, ni même présomptueuse dans son espoir. Elle possédait tous les éléments de résurrection, de repos et de prospérité. Tous les forfaits révolutionnaires, bien vus et bien compris, pouvaient être arrêtés pour jamais, et, réparant ses pertes, la France pouvait reprendre sa marche de civilisation, de gloire, de prépondérance et de bonheur. Enfin, au milieu de ses hontes et de ses désastres, au fond de l'abîme, la Providence nous appelait à réfléchir et nous réservait des jours de salut et de sublime régénération. Elle mettait l'avenir dans nos mains. Non, jamais peut-être nation ne posséda une heure plus solennelle et plus décisive. Qui pourrait le nier ?

Appelée par les préliminaires de la paix à élire des représentants, la France comprit toute sa position intérieure et en présence d'un vainqueur implacable. Jouissant pour la première fois peut-être d'une liberté complète et en dehors de toute pression, elle se porta en masse au scrutin de ses destinées. De l'urne sortirent ses candidats ; ils étaient comme elle monarchistes en majorité immense. La voie était ouverte pour arriver certainement et sans secousses à l'ordre, au droit et à la stabilité du Pouvoir et de la paix. Tous les esprits sérieux acclamaient déjà Henri V comme seul capable de sauver la France, de relever son honneur et de restaurer la fortune publique. Tout en effet présageait cette heureuse solution. Mais l'homme fatal se trouva là pour faire échec au salut de la France, et cet homme était Thiers. Thiers cependant bien connu de l'Europe entière.

Il était encore étudiant en droit que son esprit était mur pour l'impiété et les conspirations. Aussi les Hautes-Ventes des sociétés secrètes le trouvèrent, à cet âge, digne d'entrer dans le carbonarisme. Le serment qu'il fit alors et que satan reçut est le seul qu'il a tenu. Sa réception fut solennelle et formidable. Pour la première fois et probablement pour la dernière, à moins d'un grand miracle de miséricorde, il tenait le crucifix dans la main, et c'est sur cette image sacrée qu'il osa jurer haine au trône et à l'autel.

Parcourez dans tous ses détails la vie de ce carbonaro et vous aurez le dernier mot des faits et gestes de M. Thiers et de son attitude actuelle. Il travaille avec ardeur à la révolution de 1830 et à la ruine de la monarchie héréditaire. Il applaudit au sac de l'archevêché et sourit de bonheur au renversement de la croix qui surmontait Notre-Dame de Paris. Il glorifia la révolution de 93 dans un ouvrage fameux. Il posa sur un piédestal gigantesque et couronna de gloire les scélérats révolutionnaires qu'il déclara grands hommes.

Toutefois, dans son esprit et dans son cœur, Thiers subordonna toujours la révolution à ses appétits d'ambition. Il visait sans cesse le succès, et le succès personnel sans nul égard aux moyens. Il a porté à son dernier degré la maxime malsaine que le succès justifie les moyens. Parvenu à escalader le ministère, il crut, dans l'infatuation de sa nouvelle fortune et de sa vanité, qu'il était identifié au gouvernement pour jamais, et avec l'instinct bien senti de la conservation du Pouvoir il fit interdire dans tous les lycées et les collèges de la France la lecture de son histoire de la révolution française. Mais tombé du Pouvoir, il estima cette lecture très saine et même nécessaire pour former l'esprit de la jeunesse. M. Thiers, devenu ministre par une opposition acrimonieuse et par des intrigues à outrance, et

M. Thiers renversé du ministère, présentent une étude singulière des contradictions humaines. Ministre, il a la la passion de l'arbitraire, du despotisme et du Pouvoir personnel. Simple député, il est toujours de l'opposition, plein d'amour pour la liberté et le gouvernement parlementaire, il en fait son idéal. De toutes ses œuvres écrites ou parlées il serait facile de faire un volume intitulé : *Thiers réfuté par lui-même*. Sceptique universel en religion, en morale, en droit social, il soutient indifféremment le pour et le contre, mais toujours et exclusivement au point de vue de ses intérêts et de son ambition.

Il n'y a jamais eu pour M. Thiers qu'une seule unité, lui. Perpétuellement, ses pensées et ses actes convergent vers ce centre personnel. Son immense égoïsme, servi par une immense souplesse d'esprit, aspire toujours à la domination, à la souveraineté. Son orgueil sans limite lui donne la conviction que seul il est capable, seul homme d'Etat, et il a l'insolente outrecuidance de le dire à toute une Chambre française en la flétrissant de l'épithète d'incapable. On conçoit que tout le patriotisme d'un tel homme se résume dans la possession du Pouvoir.

Par quel phénomène les hommes religieux, les conservateurs de la Chambre ont-ils pu, dans les désastres et les abaissements de la France, choisir M. Thiers pour sauver la patrie? Comment les monarchistes l'ont-ils élu pour sauver la monarchie? Est-ce donc qu'à ce moment solennel M. Thiers n'était pas l'homme sceptique, l'homme révolutionnaire qui favorisa l'émeute, qui applaudit aux profanations et au renversement des croix? L'homme qui se joue de la vérité et de l'erreur au profit de son ambition? Le carbonaro qui a juré sur le crucifix haine au trône et à l'autel? L'homme ambitieux, fou du Pouvoir et de la dictature sans partage?

En vérité ne dirait-on pas que l'élection de cet homme pour sauver la France est une ironie de la Providence et comme un surcroît de châtiment? Sans doute des promesses solennelles et un serment plus solennel encore devaient être des garanties. Je le veux bien pour tout homme ordinaire; mais le scepticisme persévérant de M. Thiers, ses déclarations révolutionnaires, ses trahisons de paroles d'honneur, sa passion du Pouvoir, ses contradictions doctrinales devaient se dresser comme un obstacle insurmontable.

En présence des affirmations et des serments de cet homme, l'Assemblée honnête crut à l'honnêteté de M. Thiers, et le nomma président du Pouvoir exécutif. Fatale condescendance! A peine en possession de ce Pouvoir, objet de toutes ses convoitises, Thiers se hâta de se l'assimiler. Par supercherie et sous l'équivoque des mots, il usurpa le titre de président de la république; mais en un clin d'œil il vit qu'avec les monarchistes sa présidence ne serait jamais que provisoire, et il la voulait définitive. Il ne balança pas un instant à se parjurer et à trahir les monarchistes. Secrètement, il conclut un pacte avec les démagogues et promit de fonder la république définitive, dùt la France périr dans le sang et la boue. L'Assemblée put seule se faire illusion sur les parjures et les trahisons de M. Thiers. Elle aurait dû être éclairée par la seule composition du ministère qu'il se choisit; c'était une insulte à son honneur et une révélation des perfidies de son président. En effet, on voit figurer ministre des affaires étrangères Jules Favre, odieux à la France entière et à toutes les monarchies de l'Europe, l'homme du forfait du 4 Septembre, l'homme de la guerre à outrance, le fauteur de toutes les insurrections et l'auteur de nos désastres et de nos ruines par le refus de la paix après Sédan, Jules Favre connu de l'univers entier par sa haine furibonde contre le Pape et par ses éloges iniques à Victor Emmanuel pour le sac de Rome. On voit ministre de l'intérieur Ernest Picard, extravagant révolutionnaire, emphathique et vantard avocat qui destitue tous les fonctionnaires monarchistes et conservateurs, et organise la France en gouvernement révolutionnaire, donnant protection et sécurité à toutes les passions et faisant trembler toutes les vertus. Ce n'est pas tout, M. Thiers, prétendu homme d'Etat, ose nommer ministre des cultes et de l'instruction publique Jules Simon le déïste, si connu pour sa haine contre Jésus-Christ et son Eglise, le révolutionnaire émérite, le scandaleux numéro 606 de l'Internationale. Il tient toujours à la main la plume qui a signé la proscription du culte catholique, des congrégations religieuses, du catéchisme, de la prière et du crucifix dans les écoles de la France. Quel outrage au bon sens et à la religion catholique ! Quel étrange ministère pour donner confiance et courage à la France catholique et monarchique si abattue, si humiliée, si ruinée ! Quel singulier ministère pour régénérer et restaurer les principes religieux et sociaux qui seuls sauvent les nations.

Ce n'est pas sans réflexion que j'ai dit M. Thiers prétendu homme d'Etat. Il n'a du législateur et de l'administrateur sérieux et sage aucune qualité positive, mais il a presque tous les défauts contraires. Sa politique sans principes en fait un révolutionnaire obstiné, et ses théories sans foi religieuse en font un agent de désordre qui conduit les nations à l'abîme. Doué d'une prodigieuse souplesse d'esprit, il excelle dans les expédients à tourner les difficultés et à aboutir à des fins quelconques, mais il n'offre aucun élément de salut. Il est la grande erreur de la France après nos immenses désastres. Dans l'absence de principes politiques et de principes religieux il n'a rien compris aux catastrophes et aux malheurs de la patrie. L'œil matérialisé de son intelligence n'a aperçu que les phénomènes matériels. Il n'a vu ni les causes réelles de nos défaites et de nos humiliations ni les moyens de les réparer et de nous relever. Il n'a pas vu le vide immense que fait dans notre société l'absence du Pouvoir héréditaire ni la confusion et l'abaissement de caractère que produit l'usurpation. Il n'a pas vu surtout la main de Dieu châtiant les impiétés, les parjures, l'immoralité et l'athéisme pratique. Il ne voit pas même la révolution ravageant par tous les moyens les principes de l'autorité, de l'ordre, de la vertu, du bien et du juste. Lui-même, parlant comme chef d'Etat, déclare que l'ordre moral ne le regarde pas et qu'il n'a pas à s'en occuper. Cette déclaration toute seule enlève à M. Thiers toute sa réputation d'homme d'Etat. Oui, sans doute, il pourra naviguer pendant quelques temps dans un gouvernement régulier, non sans exposer le vaisseau de l'Etat à sombrer dans un abîme, mais son habileté devient une incapacité radicale pour relever, restaurer et sauver une nation.

Chose étonnante ! M. Thiers, ébloui par la fortune qui l'a jeté au Pouvoir, brise avec toutes les traditions de l'histoire et du bon sens, regarde la France comme livrée à sa discrétion pour servir au jeu de ses caprices et former une nation par des moyens au rebours de ce qui s'est fait jusqu'à cette heure. Nous avons vu l'incroyable composition de son incroyable ministère pour un peuple catholique et monarchique. Eh bien ! il a fait la grande administration de la France à l'image d'un type extravagant. Il a placé à la tête des départements et de chaque administration des hommes de toutes les couleurs, de toutes les croyances politiques et religieuses, beaucoup de radicaux, des légitimistes, des orléanistes, voire des bonapartistes, par là cet homme singulier prétend sans nul doute arriver à l'unité administrative et gouvernementale par l'amalgame des contraires comme les rêveurs allemands ont prétendu faire éclore l'unité de pensées et de doctrines de l'assemblage ou plutôt de la promiscuité de toutes les erreurs. Avant l'expérience il faut convenir que le modèle est malheureusement choisi. Les Allemands n'ont produit que la confusion et le chaos de la philosophie où la vérité étouffe. Le bon sens et la raison présagent que le système Thiers ne produira que l'anarchie administrative et gouvernementale. Mais c'est la France qui payera par de nouveaux désastres les utopies fantaisistes de cet homme sceptique.

D'autre part, M. Thiers suit à l'égard de la Chambre la maxime éternellement criminelle de Machiavel, diviser pour régner. C'est la maxime à l'usage des usurpateurs, mais qui n'a de valeur que pour un temps. Thiers en a scandaleusement abusé, grâce aux trahisons des libéraux. Quoi qu'il en soit, si pensée était d'infliger un démenti à la parole du Christ, il subira le châtiment comme Julien l'apostat. Le Christ a dit : Tout royaume divisé en lui-même sera désolé et ne subsistera pas. Il n'est pas un esprit sérieux en Europe qui ne voie les épouvantables aboutissements de la politique de M. Thiers, lui seul ne le voit pas. La possession du Pouvoir le fascine. Au surplus, nul n'ignore l'outrecuidance de sa fatuité dans sa personnalité et dans son habileté, et il se croit seul capable de gouverner la France. Rien ne l'éclaire, ni son extrême vieillesse, ni les crises politiques sans cesse renouvelées, ni les abîmes entr'ouverts, ni les flots sans cesse montants de l'anarchie, ni les cris d'alarme et de malédiction. Je le répète, il est sous la fascination. Et cependant, combien sa position est magnifique, mais décisive. Il pourrait s'immortaliser, faire bénir son nom, rendre la paix et le repos à sa patrie, la replacer au premier rang des nations, restaurer les mœurs, le commerce et les finances en aidant, selon sa promesse la grande majorité de l'Assemblée nationale à la restauration de la monarchie héréditaire; mais il possède le Pouvoir, et la passion du Pouvoir le possède. Périssent donc tous les grands intérêts de la France plutôt que l'abandon du Pouvoir.

L'histoire dira en termes sévères que M. Thiers était habile, mais que son habileté d'expédients n'était au service que de son amour-propre et de ses intérêts. Elle dira que son ambition incommensurable a non-seulement manqué de patriotisme, mais lui a fait sacrifier la paix, l'honneur et le bonheur de la France.

XXV

La nouvelle Assemblée des représentants était à peine réunie à Versailles que le républicanisme se sentit frappé au cœur malgré les déclarations de M. Thiers, qui, quoique révolutionnaire, se jetterait toujours du côté de la majorité pour gouverner. Une formidable insurrection éclata dans Paris avec une explosion de scélératesse qui terrifia la France et l'Europe. Les chefs du mouvement, Louis Blanc, Félix Pyat, Flourens, Rochefort et plusieurs autres organisèrent, avec une infernale habileté, une conspiration permanente qui devait noyer dans le sang tous les repésentants du peuple et les hommes d'ordre. Aidés des sociétés secrètes, et particulièrement de la franc-maçonnerie et de l'Internationale, ils avaient résolu de détruire la société actuelle, qu'ils appelaient pourrie de corruption, de tyrannie et de vieillesse, et ils prétendaient créer une société nouvelle avec des éléments nouveaux dont ils étaient les types. Ce travail d'enfer avait été entrepris en 93. Plagiaires de cette époque lugubre, car satan n'invente pas, par décrets ils bannirent Dieu de la pensée et de la vie humaine comme obstacle insurmontable et fatal, et par une suite nécessaire, ils décrétèrent que toute pensée et tout signe de religion devaient disparaître de la société : Plus d'églises, plus de prêtres, plus de prières.

C'étaient les scélérats qui tiraient les dernières conséquences logiques des doctrines des libres-penseurs, des matérialistes, de toute la presse impie et de l'aveugle libéralisme. C'est comme toujours au nom de la liberté et de la volonté du peuple qu'ils font le coup-de main et qu'ils exercent la plus atroce et la plus sanglante tyrannie.

Bientôt, imitant l'audace de Jules Favre, d'Ernest Picard, de Gambetta et des onze septembristes qui avaient de leur propre autorité décrété la déchéance de l'empire et proclamé la République, ils s'emparent de l'Hôtel-de-Ville, s'y installent en se proclamant Commune de Paris. Ils nomment, dans chaque arrondissement, des maires à leur image, et alors on vit apparaître les Mottu, Bonvalet, Lockroi, Clémenceau et les autres d'horrible mémoire. D'un seul bond, ces suppôts de l'enfer, préparés par les doctrines des clubs, par l'exaltation de l'orgueil, par l'injustice, la démoralisation et la haine du bien, atteignirent et dépassèrent toutes les horreurs de 93. Pour exécuter leurs mesures sanguinaires et dévastatrices, ils trouvèrent le peuple parisien saturé d'impiétés, toujours ivre de vin et de basse immoralité, prêt à toutes les monstruosités, à toutes les destructions et à toutes les débauches. Rien donc ne pouvait offrir à leurs fureurs de mal une force de résistance. Loin de là. Le sceptique et stupide bourgeois, quoique menacé dans ses intérêts, dans son commerce et dans son avenir applaudissait ou laissait faire, il riait bêtement à toutes ces horreurs comme à un spectacle, donnant ainsi la mesure de l'irrémédiable corruption qui le dévore.

Animé, surexcité, exalté par les chefs de la Commune, le peuple de Paris ploclame la guerre civile et veut marcher pour anéantir l'Assemblée nationale réunie à Versailles. Mais quarante mille hommes de troupes bien disciplinées et bien commandées font de Versailles un boulevard inexpugnable. N'importe! La folie révolutionnaire ne connaît pas la raison. Je ne raconterai pas les péripéties de cette guerre fratricide qui pendant plus de deux mois fit couler tant de sang, laissa voir tant d'horreurs, couvrit la France de tant de hontes et donna l'épouvante à toute l'Europe. Mais je dirai quelques-unes des atrocités qui se commirent à Paris sous le rapport politique, religieux et social :

Sous le rapport politique, la Commune se proclama seul et légitime Pouvoir, à l'instar des septembristes, qu'elle déclarait traîtres à la patrie ; elle décréta la dissolution de l'Assemblé nationale, comme illégale et antinationale, elle la voua à la mort. Elle provoqua une insurrection universelle en appelant toutes les villes de France à une fédération des communes. Lyon, Marseille, Limoges, Toulouse et d'autres villes encore répondirent à l'appel, arborèrent le drapeau rouge et se constituèrent indépendantes, nommant elles-mêmes les préfets et les chefs de l'armée ; c'étaient autant de petits Etats dans la grande nation française. Et quels états, où une infime minorité faisant débauche d'arbitraire et de tyrannie écrasait l'immense majorité d'audace, de mépris, de violence et d'exactions. Partout où triompha cette révolte, les méchants, les repris de justice, les scélérats jubilaient, chantaient victoire, et les bons durent trembler, car c'était le règne du caprice, de la stupidité et du mal. La haine du bien et la rage du mal ne leur permettaient pas de comprendre que la violence se tue elle-même et provoque la réaction. L'Europe contemplait en pitié et avec terreur ce spectacle hideux d'un grand peuple en délire qui s'enivre d'orgies politiques.

Sous le rapport religieux, ces révoltés furieux égalèrent d'un seul bond les grands scélérats de 93. Ils pillèrent toutes les églises et les couvents et ils en firent des clubs, des casernes, des magasins et en brûlèrent quelques-uns. Ils s'acharnèrent comme par instinct diabolique contre les congrégations enseignantes, ils les chassèrent de leur domicile qu'ils décrétèrent propriété de la commune et les remplacèrent aussitôt par des instituteurs et des institutrices athées. Ils décrétèrent que tout signe ou insigne religieux devait disparaître sur toute l'étendue de la commune. Dans les ambulances même ils refusaient brutalement tout secours religieux aux mourants qui les réclamaient et les faisaient enterrer civilement comme des solidaires. C'était le génie de satan dans le plein exercice de sa haine contre Dieu et contre les chrétiens.

Toutefois ils n'avaient encore touché en quelque sorte que le matériel religieux, il semblait qu'ils n'osaient pas mettre la main sur les personnes, mais bientôt honteux de leur timidité trop honnête, ils décrétèrent l'arrestation des ecclésiastiques, et en quelques instants, soixante-onze prêtres furent jetés dans les cachots de Paris sous le nom d'otages. Il y en avait de tous les rangs de la hiérarchie, depuis l'archevêque jusqu'au simple vicaire de paroisse. Il s'y trouvait aussi des magistrats et des militaires, c'est-à-dire les trois grandes forces d'une nation : la religion, la magistrature et l'armée. Tous étaient destinés au massacre. Cependant, vingt-un seulement, sans nulle forme de procès sans apparence de jugement, sans nul interrogatoire subirent le martyre sous la fusillade et sous le poi gnard. Les autres auraient subi le même sort si le troupes miraculeusement triomphantes de Versaille n'avaient arrêté ce carnage. De nombreux témoins oculaires et irrécusables fourniront des détails indescriptibles sur l'atrocité sauvage du peuple de Paris dans ces lamentables événements. Ce sont les chefs de la république qui décrétaient et c'est au nom de la République qu'ils exécutaient leurs arrêts de mort : Les optimistes se feraient vainement illusion. Dans l'état actuel des esprits en France, avec l'impiété qui y règne protégée, avec la démoralisation et le luxe qui ravage tous les cœurs et tous les caractères, la République doit aboutir à tous ces excès.

XXVI

Dieu et la religion bannis de la société, les prêtres massacrés, les temples spoliés et souillés, l'enseignement divin proscrit, c'était la destruction de la pierre fondamentale de tout l'édifice social. Les républicains de la Commune de Paris et des autres villes crurent que l'édifice social pourrait encore tenir en l'air. Ils s'acharnèrent à détruire les autres assises; par une force logique invincible, ils sapèrent les fondements mêmes de la famille et de la propriété. Qui ne se rappelle encore avec stupeur ces tyranniques décrets qui faisaient de tout homme un soldat appartenant à la République, fut-il l'unique soutien de son épouse et de ses enfants.

Voilà certainement une tyrannie contre le droit et le respect de la famille, mais cette tyrannie prend le caractère du sacrilége et d'une démoralisation que les sauvages ne connurent jamais. Pour la pension qu'ils destinent follement aux veuves et aux enfants des victimes de la guerre civile, ils décrètent qu'il ne sera fait aucune différence entre la femme légitime et les concubines, entre les enfants légitimes et les bâtards. Par cette assimilation étrange, ils rabaissaient la famille, ils déshonoraient le mariage et consacraient la promiscuité. C'était le *nec plus ultra* de la corruption, du déshonneur et de la folie. Jamais aucun peuple n'a donné un tel exemple de bestiale ineptie et d'ignoble démoralisation. C'est-à-dire que les républicains décrétaient la honte et la dissolution de la société française. Ils ne respectèrent pas davantage la propriété.

Louis XIV, dans l'apogée de sa gloire incomparable, de sa puissance sans limite, de son orgueil presque légitime, disait ces parôles : L'Etat, c'est moi. L'accusation de despotisme est restée incrustée sur son front royal. Et cependant le grand roi, toujours obéi, n'aurait pas osé toucher à un denier de son peuple ni à un pouce de terre de l'un de ses sujets. Sa toute puissance se serait arrêtée devant la loi divine et humaine et même devant sa propre conscience. Les républicains ne reconnaissent ni ces préjugés ni ces craintes, d'un seul bond ils ont dépassé le despotisme de Louis XIV et ils ont hardiment décrété des impôts, ils ont pillé comme de simples scélérats les églises et les couvents, les caisses publiques et les caisses particulières. En train de légaliser le vol et de transformer l'état social, ils décrétèrent que les locataires ne devaient pas payer leur loyer, disposant ainsi de la fortune publique et nivelant les conditions sociales. Ils inauguraient le règne du communisme.

Le républicanisme contemporain est donc l'ennemi juré et déclaré de la religion, de la famille et de la propriété qui sont, de l'avis de tous les siècles, les seules bases de l'ordre social. 93 portait sans doute en caractère de sang et de boue, sur son front hideux, la terrible démonstration des doctrines et de la scélératesse des républicains, mais 1871, plus audacieux, a fourni au monde les dernières conséquences de l'infernale doctrine. L'Europe n'avait pas voulu croire à cet axiome tant proclamé qu'il fallait que la république triomphât ou que le monde pérît, et les républicains se chargèrent de le démontrer. Dans la prévision qu'ils pourraient être vaincus par l'armée de Versailles, ils avaient tout préparé pour faire sauter la capitale ou pour l'incendier, et ils avaient envoyé l'ordre de faire de même sur tous les points de la France. Les ruines et les cendres d'un grand nombre de nos plus beaux monuments, des palais et des maisons sont là pour attester leur sauvage scélératesse. Si la capitale entière n'a pas été ensevelie sous ses ruines, c'est que l'armée de Versailles ne leur en a pas laissé le temps. Non, les républicains n'effaceront jamais de leur front le stigmate que l'indignation publique y a gravé. Ils s'appellent et ils s'appelleront dans tous les siècles : Pétroleurs.

Tout esprit sensé ne manquerait pas de juger, d'après les seules lumières du bon sens, que le grand parti de l'ordre, victorieux dans cette épouvantable révolte, se hâterait de proclamer la monarchie et ferait prompte justice des scélérats et des assassins. C'était le devoir impérieux et sacré des représentants de la nation. Toutefois, l'homme fatal au bonheur et au repos de la France se trouva encore là pour empêcher cette justice et cette réparation. Thiers, vainqueur de l'insurrection, sentit croître sa prodigieuse et sénile ambition. Il pensa que les décombres des palais des rois pourraient lui servir de degrés pour monter au Pouvoir, à un Pouvoir souverain quelconque. Il eut donc l'audace de se faire proclamer président de la République, sous l'incroyable prétexte qu'il n'était pas encore opportun de constituer un gouvernement définitif, alors que jamais gouvernement ne fut plus nécessaire. Disons-le en rougissant, la Chambre eut l'extrême faiblesse de sanctionner la puérile et calamiteuse vanité de cet homme de malheur.

Révolutionnaire, Thiers continua à gouverner révolutionnairement. Il maintint les préfets radicaux que les radicaux du 4 Septembre avaient nommés, mesure qui perpétua le désordre et l'agitation dans les départements. Dufaure, son ministre de la justice, son *alter ego* en opinions politiques, conserva dans toutes les cours les procureurs et les avocats généraux qui s'étaient élevés sans aucun titre à ces hautes fonctions sur les ruines et la révocation des anciens titulaires, de sorte que la presse démagogique peut se livrer en pleine sécurité à tous les emportements, prêcher la révolte contre le clergé, contre les riches, contre les nobles et contre la bourgeoisie. Chose étrange parmi les choses étranges qui s'accomplissent depuis bientôt deux ans ! On voit, sous une Assemblée en grande majorité monarchique, religieuse, aimant et voulant l'ordre, proclamée souveraine et seule souveraine, on voit, nommé par elle, un président révolutionnaire, agissant partout et toujours en révolutionnaire contre le gré et la volonté formelle de cette même Assemblée. On voit des ministres responsables, chargés de la réprobation générale, ennemis depuis longtemps déclarés de la religion, de l'enseignement religieux et de la monarchie, affiliés à l'Internationale, flétris par les lois et par l'opinion publique, on les voit maintenus dans leurs ministères.

Cet état de choses monstrueusement anormal et qui heurte toutes les délicatesses indique aux moins clairvoyants une irrémédiable faiblesse dans l'Assemblée souveraine, une étape seulement dans les voies révolutionnaires et un avenir très prochain qui épouvante. C'est une ironie horriblement amère à l'honnêteté et aux malheurs de la France. Elle avait, certes, de meilleures espérances. Humainement parlant, la grande France de Clovis, de Charlemagne, de saint Louis, de Louis XIV, enivrée du vin révolutionnaire, parlant et agissant en délire, est fatalement condamnée à périr dans le sang et dans la boue. Le philosophe chrétien a d'autres pensées. Il voit la justice de Dieu châtiant la France ingrate et infidèle, frappant de stérilité tous ses efforts de salut matériel et d'impuissance, toute l'habileté des hommes. Puisque la vérité, l'amour, les bienfaits n'ont rien pu sur elle, elle doit tomber sous la pression des malheurs extrêmes, et alors elle reconnaîtra son Dieu, elle implorera miséricorde et elle sera sauvée. Il n'est pas du tout nécessaire d'être prophète pour annoncer ce dénouement. Les événements accomplis, les théories qui nous dirigent, les principes de vie qu'on repousse, les passions qui s'agitent. Tout nous révèle l'avenir fatal de la France et le salut ne s'opérera que par le cri de miséricorde.

XXVII

LA RÉVOLUTION

L'homme sérieux, vraiment français et catholique qui veut connaître les causes des événements doit se poser avec une anxiété désolée cette terrible question :

Comment est tombée la France ? Elle qui dominait toutes les nations par l'ascendant de son génie, de sa langue et de ses gloires. Elle qui illuminait le monde par ses pensées génératrices de la vérité, des vertus, du dévouement et de l'héroïsme. Elle que tous les monarques enviaient, craignaient, imploraient. Elle qui était assise, Reine couronnée de toutes les gloires sur quatorze siècles d'honneur, mangeant en paix le pain de toutes les sciences, de toutes les prospérités et de tous les bonheurs. Comment est tombée la France si resplendissante de foi pure, expansive et magnanime, naguère centre de civilisation, effroi des pervers et espérance des opprimés ?

Oh ! les profondeurs désolantes de sa chûte peuvent seules faire comprendre la mesure de ses crimes. La seule considération de sa destinée providentielle faussée et abdiquée indique suffisamment le châtiment divin qui pèse sur elle. Les hommes qui savent lire dans les annales des peuples n'ont pas de peine à reconnaître que la France avait reçu du ciel une mission spécialement providentielle : c'est-à-dire que Dieu l'avait choisie pour faire son œuvre divine parmi les nations pour protéger et défendre son Eglise. Cette mission est si manifeste que le triple génie religieux, philosophique et historique a pu dire en pleine vérité que la France a été le bras de la Providence pour le triomphe du bien et de la foi : *Gesta Dei per Francos.* Aussi du fond de nos misères et de nos ténèbres politiques et sociales on voit avec ravissement mais aussi dans les angoisses du malheur avec quel éclat la pensée de Dieu rayonnait sur son front, dans ses croyances, dans ses mœurs, dans sa législation et dans ses coutumes.

Alors l'autorité de Dieu, solennellement reconnue et aimée, reliait dans la douceur et le respect tous les anneaux de sa belle hiérarchie. Elle vivait sans souci de l'avenir dans la tranquillité de l'ordre. Si quelquefois des commotions se sont manifestées dans son sein, c'était la réaction de la vérité et du bien contre l'erreur et le mal qui prétendaient s'imposer et dans ces luttes mêmes le droit, l'autorité et l'honneur triomphaient toujours parce que Dieu était le principe de l'action. Ainsi avec la vérité et le sentiment catholique, avec le Pouvoir héréditaire et le respect de l'autorité légitime, la France jouissait dans le repos du bien de tous les avantages de l'ordre social et religieux. Comment donc cette France si resplendissante de toutes les gloires civiles, militaires, littéraires, scientifiques et sociales; si belle par sa civilisation, si féconde par l'expansion merveilleuse de ses doctrines, de sa langue et de son génie; si rassurée et si tranquille sur les bases séculaires de sa monarchie, comment cette France a-t-elle vu tomber de son noble front sa couronne de Reine, sa gloire s'obscurcir, sa prépondérance dans les conseils des peuples disparaître, ses prospérités, son illustre renom, son honneur, sa puissance s'effondrer dans un abîme sans fond de négations, de blasphèmes, d'impiétés, de hontes, de sang et de boue?

Depuis quatre-vingts ans l'histoire multiplie les réponses par des événements si accentués et si formidables que personne désormais ne saurait s'y méprendre. La cause première, et je pourrais dire l'unique cause de tous les malheurs de la France, c'est la Révolution. La Révolution! cette grande dévastatrice de l'ordre religieux, moral et social. C'est toujours satan, l'ange du mensonge et de la haine combattant contre Dieu et contre les hommes. De même que la religion, la morale et la société ont des affirmations pour principes de vie, des négations correspondantes constituent l'essence même de la Révolution. La Révolution nie et a toujours formellement nié l'intervention divine dans les choses humaines. Elle est par nature anti-religieuse, mais elle sait prendre des masques suivant les temps et les circonstances. Aujourd'hui, dans ces temps qu'elle a troublé, elle laisse éclater toutes ses haines; le seul nom de Dieu l'irrite, elle voudrait l'anéantir dans le vocabulaire du monde. Ses fureurs seraient ridicules si on n'en connaissait pas le résultat plein de sang. Le jour est venu où elle se manifeste pleinement avec la connivence des gouvernements qu'elle a eu l'adresse de pervertir. Elle fait proclamer l'athéisme par ses philosophes et par ses historiens, par ses romanciers, par ses orateurs et par toutes les voix de la presse irréligieuse. Dans ces derniers temps, ses joies étaient indicibles; elle avait des adeptes jusque sur le trône et dans toutes les administrations. Ses audaces s'étaient accrues avec ses joies, car avec l'autorisation impie, anti-sociale et anti-patriotique d'un ministre de Napoléon III, elle a pu fonder et répandre à profusion son vrai journal intitulé : L'*Athée*.

La Révolution aspire, d'une aspiration incessante et perpétuelle, à bannir Dieu, Jésus-Christ et la religion de la pensée des hommes, et voilà pourquoi elle soulève ciel et terre pour pervertir les écoles de l'enfance et de la jeunesse. Pour arriver à ses fins, l'hypocrisie lui est un manteau commode et léger. Sous prétexte de progrès et d'instruction pour le peuple, elle réclame à grands cris l'instruction gratuite, obligatoire et laïque, non point certes pour instruire le peuple de ses devoirs envers Dieu, envers lui-même et ses semblables, mais pour ruiner et détruire à jamais les congrégations enseignantes et livrer la jeunesse à des laïques athées et impies comme elle. Dans son récent triomphe, elle n'a pas manqué de réaliser son infernal projet. Partout elle s'est hâtée de détruire les maisons religieuses et faute d'instituteurs et d'institutrices impies, elle a laissé une immense partie de la jeunesse sans instruction d'aucune sorte, tant il est vrai que ce n'est pas l'instruction du peuple qu'elle veut, mais l'impiété qui le démoralise et l'abêtit. Paris, Lyon, Marseille, Toulouse, Bordeaux, Limoges et cent autres villes constatent ce fait caractéristique.

On demande en vain à la Révolution la raison de sa haine et de sa fureur contre Dieu et la religion. Si, comme elle le prétend, Dieu n'existe pas, pourquoi ces emportements de rage? C'est niais et puéril. Mais elle n'est pas bien sûre de cette non existence malgré ses blasphèmes, et si Dieu existe, elle a l'instinct de sa culpabilité et de son impuissance finale. On conçoit mieux son horreur pour la religion qui enseigne le Décalogue, car le Décalogue est le code éternel des peuples, la sauvegarde de tous les droits, de la propriété et de la famille, et la barrière infranchissable de tous les attentats contre les choses et les personnes. De là ces hurlements : A bas Dieu ! à bas la religion ! à bas les prêtres. Il est donc incontestable, en droit et en fait, que la Révolution est essentiellement ennemie de Dieu et de la religion, et que pour triompher sûrement elle doit anéantir par tous les moyens la pensée de Dieu et de la religion dans l'esprit des peuples.

Ennemie implacable de l'ordre divin et surnaturel, la Révolution n'est pas adversaire moins acharnée de l'ordre moral. Rejetant la pensée de Dieu et par conséquent la sanction divine des actes humains, elle ne reconnaît plus aucune règle de morale obligatoire. Elle approuve, elle proclame légitime toute spoliation qui lui porte profit ou qui favorise ses tendances jalouses et égoïstes. Elle prêche ouvertement le pillage des riches qu'elle nomme infâmes. Elle pose comme règle incontestable de mœurs la satisfaction des instincts, des appétits charnels qu'elle ose appeler réhabilitation de la chair en opposition avec les préceptes du Décalogue et la morale de l'Evangile. Aussitôt qu'elle peut prendre l'initiative des lois, elle propose le divorce pour atteindre l'honnêteté et pour détendre les liens de la famille, mais elle préfère de beaucoup les mœurs libres, c'est-à-dire la promiscuité, et voilà pourquoi elle ouvre partout les maisons de débauche et les couvre de sa protection comme chose de son choix et qui fait ses affaires. Lorsqu'elle peut se servir des gouvernements elle ne connaît plus de frein, de limites dans son immoral délire. Ce n'est pas assez pour elle de répandre ses conceptions malsaines par la parole de ses adeptes, par des livres scientifiques, et par des professeurs de l'Etat. Cette marche ne lui paraît ni assez rapide ni assez retentissante, elle abuse même de la licence effrenée de la presse pour fonder et répandre à profusion dans tous les coins de la France des organes de cette orgie immonde et raisonnée comme la morale indépendante et la morale effective. C'est ainsi que la France toute entière a été saturée de ces immoralités sauvages qui affligent le regard et blessent le sentiment de toute âme honnête. Enfin la Révolution a poussé le cynisme de l'impiété jusqu'à proclamer que Dieu est le mal et le cynisme de l'immoralité jusqu'à appeler la propriété le vol et le mariage une tyrannie et une immoralité. Comme on le voit, c'est la négation et la destruction de la religion, de la famille et de la propriété, ces éternelles bases de tout état social.

La Révolution n'a pas porté des ravages et des bouleversements moindres dans l'ordre social. Tout Pouvoir qu'elle n'exerce pas lui est antipathique. La monarchie héréditaire a le privilége de ses fureurs, elle a une naturelle horreur de tout ce qui est stable, régulier, ordonné. Il lui faut du mouvement et un mouvement perpétuel dans les choses et dans les personnes. Elle ne supporte aucune supériorité ni de génie, ni de vertus, ni de patriotisme. Elle proclame l'Egalité entre tous les hommes, elle ne veut donc pas de supérieur qui commande. S'il lui plaît quelquefois de reconnaître une monarchie, une olygarchie ou une république, c'est à la condition que l'une ou l'autre de ces formes gouvernementales fera ses affaires du moment, mais d'une manière si temporaire et si dépendante qu'elle pourra à son gré et à son heure les changer et les détruire : aussi elle proclame comme maxime naturelle que dans toute société et dans tout gouvernement l'insurrection est le plus saint des devoirs. D'autre part, son ambition, toute son ambition est de régner, non pour conserver mais pour détruire. Toutefois comme la destruction répugne à la nature, son règne est nécessairement court, mais cette résistance même de la nature aiguise ses fureurs contre tout Pouvoir qui n'est pas le sien : Elle a donc inventé pour le service de sa haine cette grande machine de destruction des Pouvoirs qu'on appelle le vote universel. Sans doute le maniement de cette machine est difficile et laborieux, elle peut élever et consolider une autorité sociale. Mais la Révolution ne désespère pas, elle peut, même en la maudissant, changer ses rouages, la monter de nouveau, bien assurée qu'elle accomplira son œuvre de renversement et de destruction. Qui ne reconnaîtrait à tous ces caractères l'esprit de désordre, de division, de révoltes et de bouleversements perpétuels ? C'est-à-dire l'anarchie. La révolution est donc le mal, le grand fléau de toutes les sociétés humaines. C'est l'esprit de satan soufflant dans les veines des peuples l'esprit de destruction et de mort.

Telle est la Révolution envisagée en face de ses principes et de ses actes. D'où il est facile de conclure que tout peuple qui se laisse séduire et entraîner par elle est fatalement destiné à périr si les malheurs inséparables des crises révolutionnaires ou la sagesse des gouvernements ne le ramènent pas dans la voie du droit et du devoir.

L'histoire et particulièrement l'histoire contemporaine ne laisse aucun doute à cet égard, car la Révolution vient de se révéler elle-même en traits de sang à la lueur sinistre des incendies. Oui, elle s'est démontrée ce qu'elle est et dans tout ce qu'elle veut. Afin que le monde ne s'y trompât pas, et sûre de son triomphe, elle s'est nommée elle-même Révolution et a osé dire le dernier mot de ses tendances, Par la voix de l'Internationale, sa suprême incarnation, elle a fait retentir sur toute l'Europe son grand cri, le cri de son cœur et de sa nature, le cri de mort et d'universelle destruction. C'est la conséquence logique et dernière de ses sauvages théories.

Sans doute ces excès audacieux et presque extravagants, si contraires à nos mœurs, à nos habitudes, à la civilisation ont pu en faire regarder la réalisation comme impossible. On les prenait généralement pour les rêves de fous furieux et dans le paroxisme d'une fièvre révolutionnaire. Mais ceux qui savent les mystères des Hautes-Ventes qui ont pour auxiliateurs dévoués et jurés, le carbonarisme, la franc-maçonnerie et l'internationale, ceux qui savent les formidables serments prêtés aveuglement dans ces congrégations de satan; ceux enfin qui savent la puissance diabolique qui mène les hommes sans Dieu, ceux-là peuvent être étonnés mais ils ne sont pas surpris. Du reste l'illusion n'est plus possible. Nous trouvons la Révolution à l'œuvre.

A tous les points de vue, son personnel est effrayant d'audace, de bassesses, d'hypocrisie, de débauches et de cruautés sauvages. Quel horrible tableau nous présente le personnel de 93. C'est le déshonneur de l'humanité, c'est le désespoir de la morale, c'est la tyrannie atroce et sans cesse altérée de sang, c'est la honte, le dégoût et l'abomination. Sur aucun degré de l'échelle révolutionnaire l'honnêteté ne saurait trouver à poser son regard. En dehors de 93, voyez les chefs des agitations populaires, tous ceux sans exception qui ont pris une part quelconque aux révoltes, aux insurrections, aux pillages, aux massacres, aux incendies décrétés par la Révolution triomphante, vous ne rencontrerez pas un seul homme religieux, moral, sans reproches; ce sont tous des hommes sans foi, sans mœurs et sans probité. L'histoire ne manquera pas de donner le spectacle lamentable et effrayant que vient de présenter à l'Europe et au monde le gigantesque procès qui s'est déroulé en 1871 dans les conseils de guerre. Près de cinquante mille accusés étaient là. Or, quel est le cœur qui n'a pas été soulevé de dégoût et d'horreur, quelle est l'âme qui n'a pas été indignée du déshonneur qui était infligé par ce procès à l'humanité et à la France? Dans ce personnel si multiplié de la Révolution, voit-on autre chose que des repris de justice, des faillis, des faussaires, des meurtriers, des forçats, des pillards, des scélérats fanfarons et hypocrites, enfin et surtout et toujours des êtres perdus d'honneur et de débauches, cherchant la distinction dans le crime? Ces hommes et ces temps déplorables ont été une grande révélation pour le monde intelligent et honnête qui croit trop facilement aux affirmations mensongères. Non-seulement tous ces bandits de la Commune étaient franc-maçons, mais ils étaient les agents actifs de la franc-maçonnerie. C'est donc en vain qu'exploitant hypocritement la crédulité publique et celle des pouvoirs complices ou trop indulgents, cette société secrète proclamait avec fracas et répétait à tous les échos qu'elle était étrangère à la politique et ne s'occupait pas de politique. La Providence voulut qu'elle se révélât au grand jour, dans tous ses mensonges et ses instincts révolutionnaires. Lorsqu'elle vit la Commune proclamée et triomphante, elle se crut maîtresse de la France, elle déchira et jeta son masque. Dans un apparat solennel et bien inaccoutumé, elle se rendit en procession, au nombre de plus de dix mille adeptes, tous revêtus de leurs insignes, à travers les rues de Paris, à l'Hôtel-de-Ville. Là, elle fraternisa avec les insurgés et fit une solennelle adhésion au brigandage communeux. Pour la première fois, elle rompit avec la prudence, et, glorifiant les insurgés, elle alla avec eux planter son drapeau maçonnique sur les forts révoltés, comme un défi à l'autorité légitime et nationale de Versailles.

Cette mise en scène, cette splendeur de manifestation, cette audace d'insurrection au milieu des désastres et des malheurs de la France démontrent une fois de plus que les sociétés secrètes sont essentiellement révolutionnaires et justifient les anathèmes qui pèsent sur elles. On peut dire hardiment, d'après l'histoire et les faits contemporains, qu'elles sont la voix et les bras de la Révolution.

Nous sommes donc forcé de conclure que la Révolution est le grand mal de la France et de l'Europe, et que les sociétés secrètes, ses appuis et ses auxiliaires, sont des cancers attachés à nos flancs qui nous dévorent. Si donc nous ne voulons pas périr, il faut, il est nécessaire et à tout prix d'étouffer la Révolution; il faut, il est nécessaire d'extirper les sociétés secrètes qui sont enfoncées et se cachent dans les flancs de notre malheureuse France. Il faut surtout, il est nécessaire de faire prédominer les affirmations divines sur les négations révolutionnaires. Chose étrange ! après les malheurs d'un empire hypocrite et révolutionnaire ; après les pillages, les massacres, les incendies de la Commune et des terreurs révolutionnaires ; après les désastres de nos armées et l'effondrement de nos administrations, après une victoire pénible et sanglante sur la secte révolutionnaire qui menace encore la France, la France est gouvernée par un président sceptique et carbonaro et par des ministres franc-maçons et même sectaires de l'Internationale, tous par conséquent révolutionnaires déclarés, et, chose plus étrange ! cette anomalie monstrueuse s'accomplit sous une Assemblée souveraine, religieuse et monarchique nommée par la nation pour sauver la France. Ce fait extraordinaire et contre nature suggère de graves réflexions.

Le temps et l'éternité appartiennent à Dieu, et, dans

10

l'un ou l'autre état, l'homme iudividuel est soumis à la justice divine. Sans doute cette justice inflexible éclate quelquefois dans ce monde en rigueur éclatante pour que le crime ne prescrive pas contre la puissance souveraine, quelquefois aussi en miséricorde pour avertir et sauver le coupable. Mais toujours est-il que la justice s'exercera sur l'individu dans le temps ou dans l'éternité. Il ne peut pas en être de même pour les nations. Les nations ne sauraient franchir le seuil de la vie pour se perpétuer telles dans le monde avenir. Et cependant elles peuvent, comme nations, accomplir des crimes ou des actes de vertu, et, par conséquent, mériter châtiments ou récompenses. Or, la souveraine puissance de Dieu ne peut faillir à son éternelle justice. Donc toute nation coupable doit subir son châtiment ici-bas puisqu'elle ne peut être punie dans l'éternité. A ce titre, qui pourrait dire à quels excès de crimes la France s'est portée comme nation. On pourrait affirmer que par négations, impiétés et corruptions elle a épuisé tous les éléments de vie sociale. Lorsque les organes qui font la vie du corps sont tellement affaiblis, usés ou rompus qu'ils ne peuvent plus servir à l'exercice des facultés intellectuelles, l'âme se retire et il y a mort. De même lorsque les éléments divins, religieux et moraux qui sont les organes essentiels de la vie des peuples ne peuvent plus exercer d'action sur la nation ni servir aux desseins providentiels, Dieu se retire et il y a mort pour la nation dans des convulsions et des malheurs inénarrables, à moins d'un miracle éclatant. Précisons davantage l'état de la France sous la justice de Dieu.

Une nation est composée de gouvernants et de gouvernés. Or, en France, depuis 93, gouvernants et gouvernés accumulent les attentats les plus atroces et les plus sacriléges. Ils ont banni Dieu de la société et de la législation en proclamant les droits de l'homme et les principes de 89. Ils ont renié Jésus-Christ et l'Evangile avec toutes les gloires chrétiennes en déclarant que l'Etat est et doit être athée. Ils ont spolié l'Eglise qu'ils tiennent dans une servitude humiliante et pleine de menaces. Ils la couvrent de mépris et la poursuivent d'incessantes calomnies. Ils rejettent tout droit divin dans le Pouvoir et acceptent toutes les usurpations même sacriléges. Ils ravalent le mariage chrétien au degré d'un contrat civil et ils légalisent le concubinage. Ils usurpent les droits du père de famille et imposent des limites arbitraires à sa liberté de tester. Ils ont des professeurs payés pour enseigner l'athéisme, le matérialisme et l'impiété sous toutes les formes. Ils ont sur tous les points de la France des écoles officielles où, tous les jours, la plus grande partie de la jeunesse est saturée d'erreurs et de doctrines malsaines. Chaque jour, une presse impie et immorale, avec l'estampille ou le timbre de l'Etat, possède liberté entière d'insulter Dieu, Jésus-Christ, la religion et de verser à flots les injures et les calommies sur la vertu et sur tout ce qu'il y a de saint et de sacré sur la terre. La prostitution, réglementée et protégée, s'est répandue comme une gangrène qui dévore le corps social et corrompt les sources mêmes de la vie.

La grande loi, la loi génésiaque, la loi du repos, le dimanche est généralement et scandaleusement violé par ceux-là même qui devraient donner l'exemple, au grand préjudice de la foi, du culte et de la moralité universelle. En dehors de la France, les gouvernants ont répudié la sublime et sainte mission d'exercer l'œuvre de Dieu parmi les peuples de la terre. Ils ont trahi les droits des chrétiens en Orient et la protection que nos pères leur avait jurée. En Italie ils s'unissent aux ennemis de Dieu pour insulter le vicaire de Jésus-Christ, seconder la spoliation de son domaine, ruiner son indépendance et affaiblir son autorité et la foi des peuples. En répudiant les doctrines chrétiennes ils ont rompu avec Jésus-Christ, ils l'ont rejeté comme Roi, comme législateur et comme sauveur. Ils ont dit comme les Juifs : Nous ne voulons plus qu'il règne sur nous. Nous nous déclarons indépendants et nous ne voulons relever que de nous-mêmes, et ils sont en train de vouloir opérer ce que dans un langage menteur ils appellent la séparation de l'Eglise et de l'Etat, mais en réalité la servitude et la persécution légale de l'Eglise de Jésus-Christ. Telles sont les œuvres des gouvernants, disons-le avec une profonde douleur, les gouvernés ne réclament pas contre ces crimes sociaux, contre ces apostasies, contre ces attentats, contre ces impiétés, contre ce mépris des éternels principes de toute société humaine. Non-seulement ils ne réclament pas, mais ils s'associent autant qu'ils le peuvent par leurs représentants, par leurs paroles et par les actes aux pensées, aux actes et aux projets des gouvernants.

Qui donc pourra comprendre et énumérer les culpabilités de la France? Nation infortunée tant aimée du ciel, autrefois reine incomparable, élevée si haut dans l'estime des peuples, si belle de foi, de charité et d'héroïsme, resplendissante de toutes les gloires, si heureuse et si prospère dans les tranquillités de l'ordre ! qu'es-tu devenue?

O France ! toi choisie de Dieu pour être l'œil vigilant de sa Providence, le bras de sa justice, la lumière des peuples, l'appui et l'ornement de la royauté européenne; toi durant tant de siècles la base et le fondement de la paix du monde, le boulevard de la foi, la protectrice dévouée du vicaire de Jésus-Christ ; toi qui réalisais dans ta religion et dans tes mœurs la justice et la douceur, le droit et la mansuétude ; toi qu'en récompense de ta fidélité Dieu avait élevée, non pas au premier rang, mais bien au-dessus de toutes les nations de la terre; toi qui dans l'abondance et la paix nourrissais tes enfants, toujours plus nombreux, du lait pur et fortifiant de l'Evangile; toi que les plus grands potentats enviaient, qu'ils craignaient, qu'ils imploraient, comment es-tu tombée?

Qui donc a ébranlé et dissous les fondements de ta puissance? La Révolution!

Qui a brisé ton trône et souillé ta couronne de reine? La Révolution!

Qui a maculé ton front et tes vêtements du sang de rois? La Révolution!

Qui de glorieuse reine t'a faite servante méprisée d'une implacable dictature? La Révolution!

Qui a perverti ta législation chrétienne, si douce et si juste, et l'a remplacée par le caprice d'une volonté humaine? La Révolution!

Qui de tes Rois sacrés de Dieu, portant sur le front la douceur, la force et la majesté de l'huile sainte a fait des vilains et des mandataires révocables? La Révolution!

Qui a remis ta destinée monarchique au hasard sans cesse renouvelé d'un vote inintelligent, jamais libre et presque toujours stupide? La Révolution!

Qui, tous les jours, soutire tes sueurs par des impôts sans cesse plus lourds, et ton sang pour la conscription et les armées permanentes que tu ne connaissais pas? La Révolution!

Qui a découronné les pères de l'auréole de l'honneur et du respect et fait tomber en mépris l'autorité des mères? La Révolution!

Qui a souillé les cheveux blancs de tes vieillards et sali le front pur de tes vierges? La Révolution!

Qui a fait que tes enfants baptisés, qu'on nomme des

anges dans la langue catholique, ne sont plus que des petits de par la loi ? La Révolution !

Qui, depuis un siècle, falsifie ta noble histoire, dénature ton héroïsme et accuse tes grandeurs de fanatisme et de superstition ? La Révolution !

Qui, depuis le même temps, dans les cent mille écoles de l'Etat, sature la jennesse d'erreurs philosophiques, scientifiques, historiques de haine pour Dieu et de mépris pour la religion de tes ancêtres ? La Révolution !

Qui a persécuté l'Eglise ta mère, massacré ses prêtres et pollués tes sanctuaires ? Qui l'a volée et spoliée de tous ses biens et même de ses temples ? Qui la menace incessament de lui enlever le pain de chaque jour en supprimant son maigre budget ? La Révolution !

Qui démoralise tes enfants par les romans, par les brochures, la sculpture, la peinture, la photographie, les théâtres et la presse impie et licencieuse ? La Révolution !

Qui établit partout, même dans les chastes et robutes campagnes, des lieux de prostitution, et protège la prostituée plus et mieux que l'honnête femme ? La Révolution !

Qui, par l'alcool et les erreurs, étiole les intelligences, atrophie les cœurs et empoisonne la source de la vie par la corruption des mœurs ? La Révolution !

Qui t'enseigne l'art infernal de tuer l'humanité dans son germe, d'inféconder les principes de vie et de te faire disparaître bientôt du nombre des nations ? La Révolution !

Toi, la nation sans peur et sans reproche, qui ne craignais pas même la chute du ciel, toujours héroïque même dans la défaite qui était une victoire pour ta valeur, qui t'a appris la couardise devant l'ennemi et la trahison envers tes chefs ? La Révolution !

Toi qui savais mourir et ne jamais te rendre sans honneur, qui t'a appris à supporter sans rougir la honte des capitulations infâmes et multipliées? La Révolution!

Qui de toi, le premier peuple du monde par l'énergie de l'âme, la force du tempérament, l'intelligence et le cœur, fait chaque jour et rapidement un peuple de crétins dans tous les genres? La Révolution!

Toi qui tenais dans le monde la balance de la justice, de la paix ou de la guerre, et dont la parole respectée était prépondérante dans les conseils des rois, qui t'a exclue des conseils de l'Europe, qui t'a parquée dans tes frontières, qui rend ta voix sans valeur et annihile ta puissance, qui fait insulter à tes désastres, qui enfin te fait la risée des nations? La Révolution!

Qui t'a marquée au front du signe des extravagances politiques et de la destruction? Le Révolution!

Qui inspire contre toi la répulsion de tous les Etats de la terre et te fait renfermer dans tes limites comme un lépreux qui répand la contagion? La Révolution!

Qui arrête ton commerce, paralyse ton industrie et t'arrache la confiance universelle? La Révolution!

Qui te surcharge de près de trois milliards d'impôts, de cinq milliards d'indemnités de guerre et de vingt milliards de dettes? La Révolution!

Qui fait planer sur sa tête les noirs nuages qui récèlent la foudre et les tempêtes et te présagent un avenir indéfini de malheurs certains et inénarrables? La Révolution!

Qui, enfin, se croyant en possession de toutes les avenues du Pouvoir, de toutes les forces matérielles et de la connivence de la majorité des travailleurs, ose prophétiser ta ruine complète et à bref délai pour te faire un avenir sans Dieu, sans ordre et sans espérance? La Révolution!

Oui, la prophétie révolutionnaire et satanique s'accomplira si le chef du Pouvoir, si les ministres, si les hautes administrations, si l'esprit public, si les hommes d'ordre et de bon sens ne réagissent pas fortement et promptement contre les principes et les agissements révolutionnaires. La prophétie s'accomplira si la nation, éclairée par les châtiments divins qui l'écrasent, ne répare pas le passé par un retour énergique aux principes éternels et à la pratique sincère des devoirs religieux, moraux et sociaux, tels que l'Evangile les prescrit. La prophétie s'accomplira si la France chrétienne et monarchique ne proclame pas bien haut la monarchie héréditaire et ne rappelle pas de l'exil son Roi légitime et chrétien pour la sauver.

Chose inouïe et bien effrayante pour notre avenir national! Voilà deux ans que cette voix royale, comme un écho du ciel, a retenti plusieurs fois au milieu de nos malheurs, de nos désastres, de notre ruine et de nos désespoirs, et la France ne l'a pas comprise, elle n'a pas acclamé Henri V comme son Roi sauveur.

Qu'est-ce à dire? L'infatuation de l'indépendance révolutionnaire aurait-elle séduit les esprits à ce point qu'ils préfèrent la dictature, le césarisme, les malheurs, la ruine et la mort à la liberté, à la paix, à la prospérité et au bonheur apportés par la légitimité d'un Pouvoir paternel? La France serait-elle parvenue à ce degré de dépravation qu'elle s'obstine dans le mal qui avilit et qui tue en haine du bien ? qui relève et qui sauve? La connaissance des choses et des hommes et les événements autorisent ces désolantes suppositions.

Encore une fois, serait-il bien vrai que les désastres que nous avons subis, que les hontes accumulées sur nous, que la guerre civile, les horreurs des siéges, l'anarchie déchaînée, des torrents de sang versé, les pillages, les incendies et la terreur ne sont pas suffisants pour nous éclairer et nous ramener à la vérité et au bien ? Ces terribles châtiments auraient-ils trompé la miséricorde de Dieu qui voulait nous sauver par eux ? Faut il donc des malheurs proportionnés à nos crimes, et des catastrophes plus terribles pour nous ouvrir les yeux ? Pour forcer en quelque sorte notre foi ? Pour abaisser notre orgueil incrédule sous l'action si directe de la Providence irritée ? Faut-il enfin que le bras de Dieu agisse visiblement et nous frappe de tous les fléaux de sa colère ? En vérité, à nous voir penser et parler en révolutionnaires, à nous voir agir révolutionnairement comme des hommes qui n'ont rien appris dans les commotions de la patrie, à nous voir obstinés dans toutes les impiétés, dans toutes les immoralités, dans tous les blasphèmes et particulièrement dans la haine de Dieu et de tout ce qui est saint et sacré, il faut bien conclure qu'un miracle éclatant de sévère justice pourra seul nous faire réfléchir et nous sauver. Tel est évidemment, à cette heure, l'effrayant avenir de notre pauvre France. C'est-à-dire que les fascinations de la liberté confondue avec la licence, l'indépendance à l'égard de Dieu, du Pouvoir légitime, de toute loi religieuse et morale nous ont séduits à ce degré que des coups de foudre et de tonnerre pourront seuls nous éveiller et nous rendre au bon sens. En d'autres termes, ce n'est qu'écrasés sous le poids de nos droits prétendus et des malheurs, des désastres et des ruines que nous verrons nos crimes, le repentir et l'expiation qui sauvent.

Cette alternative de châtiments divins est inévitable si la France doit vivre comme nation, quand on songe surtout que la Révolution parle toujours et sans cesse des droits de l'homme et jamais de ses devoirs. C'est que dans la théorie révolutionnaire, il ne saurait être question de devoirs, puisque, dans son principe principal et presque unique, l'homme ne relève que de lui-même, et par nature il est souverainement libre et indépendant de Dieu et des hommes. Sa liberté ne saurait donc être limitée, et si par essence il jouit d'une liberté complète en tout, au même titre il jouit de l'égalité. On voit à première et pleine vue l'aboutissement final et nécessaire de cette doctrine qui est et ne peut être que l'anarchie. Et c'est bien à cet aveu désespérant que l'inexorable logique avait fatalement conduit le logicien Proudhon. Il résumait tout le système révolutionnaire, religieux et politique dans ces deux axiomes : L'Athéisme ou le Catholicisme ; la monarchie héréditaire ou l'anarchie. Tout terme moyen est illogique et bâtard.

Voilà donc à quels abîmes nous conduit la Révolution: A l'athéisme pratique en religion et à l'anarchie en politique. Les événements de 93 et ceux de nos jours néfastes se sont chargés de démontrer aux plus aveugles et aux plus incrédules les conséquences de l'esprit révolutionnaire. Il y a une conséquence non moins grande, non moins impérative et corroborée par les faits, c'est que la France, fatiguée de désordres, étouffant dans les perplexités de l'avenir, ne rentrera dans les conditions de la vie sociale, c'est-à-dire ne périra pas dans les convulsions de l'anarchie et d'une honte indélébile, qu'en réagissant fortement et promptement contre la Révolution, qu'en replaçant l'antique foi à la tête de ses pensées, de sa volonté et de sa législation, qu'en réprimant toute licence et qu'en proclamant la monarchie héréditaire.

A ces conditions, après les châtiments divins, la résurrection de la France est possible, parce que Dieu a fait les nations guérissables et que notre infortunée patrie conserve encore le levain puissant de toutes les vertus chrétiennes et sociales.

En effet, à travers le déluge de toutes les erreurs,

Dieu voit les vérités éternelles courageusement défendues et conservées. Au milieu de la fange de toutes les immoralités il voit des diamants de vertus briller d'un éclat incomparable. Dans la confusion des langues de l'athéisme, du matérialisme et de la démagogie, il entend la parole chrétienne retentir forte et solennelle comme un écho du ciel qui peut encore, sur ce chaos d'erreurs, d'inepties et de boue, féconder la lumière et le bien comme au premier jour de la création. A côté des blasphèmes assourdissants devenus cyniques et horribles comme une expression de l'enfer, la prière perpétuelle et ardente s'élève sur tous les points de notre bien-aimée patrie. Il est vrai, la corruption des mœurs s'est répandue partout comme une gangrène dévorante, mais l'amour divin et une sainte passion d'abnégation et de chasteté conduit tous les jours une multitude de grandes âmes et de nobles cœurs dans les communautés religieuses où fleurit la virginité la plus pure et la plus aimable. Il est vrai encore, l'égoïsme a fait de tels progrès que les intelligences françaises, si alertes et si clairvoyantes, ne voient plus rien au-delà de ce monde et refusent de reconnaître l'existence du surnaturel ; les cœurs, sous cette influence, se sont matérialisés, et les caractères, abaissés, ne connaissent plus le ressor de l'honneur et de la dignité humaine. Mais on voit tous les jours des hommes et de faibles femmes, s'élevant jusqu'au type divin de l'abnégation, du dévouement et du sacrifice, se donner tout entiers et s'immoler volontairement à la gloire de Dieu dans les missions étrangères et parmi les sauvages, dans l'éducation de la jeunesse, dans le soulagement de toutes les misères et au salut de la patrie. C'est dans les occasions surtout que le bien se manifeste. La dernière guerre que nous venons de subir à fait à la France, à l'Europe et au monde des révélations pleines de consolations et d'espérances. Qui n'a entendu parler de l'héroïsme des aumôniers volontaires que la démagogie ne voulait pas, des frères et des sœurs des ambulances, de la vertu chevaleresque, de la piété angélique et de l'intrépidité incomparable de nos héros improvisés dans l'armée des Cathelineau et des Charrette ? Ils se précipitaient à la mort pour Dieu et la patrie pendant que les républicains et les démagogues prenaient la fuite devant les balles ennemies. La bataille de Patay restera dans l'histoire plus glorieuse mille fois que les Thermopiles et sera à jamais le type de la valeur chrétienne et française. Il serait difficile d'énumérer toutes les œuvres d'apostolat, de bienfaisance, de charité et de sacrifice qui, à l'heure qu'il est, s'accomplissent sur tous les points de la France. Peut-être ne serait-il pas téméraire d'avancer et de soutenir qu'il existe dans la France toute seule un plus grand nombre d'œuvres de bien que dans l'ensemble de tous les Etats de l'Europe.

Quoique le nombre de ceux qui réalisent ce bien le fécondent et le développent soit minime relativement à l'immense population de la France, il est permis d'espérer que le bon Dieu n'a pas répudié notre chère patrie et ne l'a pas irrévocablement condamnée à disparaître du nombre des nations. Si dans l'antique loi, qui était une loi de sévérité et de crainte, un nombre très restreint de justes a eu la puissance d'arrêter le courroux du ciel et d'obtenir le pardon, il n'est pas douteux que le sang si abondant de nos martyrs, les saints de nos cloîtres, le dévouement, l'héroïsme, le sacrifice, les bonnes œuvres et la charité sous toutes les formes obtiendront grâce.

Oui, la France sera sauvée ! Dans l'abîme de ses malheurs et de ses tristesses, elle a senti le besoin et compris la puissance de la prière ; elle a poussé vers le ciel d'immenses cris de miséricorde, et, déchirant le manteau de son indifférence, elle a fait éclater sa foi et son cœur aux yeux de l'Europe étonnée. Avec un empressement et un dévouement incomparable, mettant à son usage l'électricité et la vapeur, elle a ressuscité, en les multipliant et en les embellissant, ces innombrables et splendides pélerinages du moyen-âge qui doivent faire violence au Ciel et obtenir le salut de la patrie. Aucun vrai catholique n'a douté de l'efficacité de ces solennelles manifestations de la foi et de la prière. Paray le Monial, N.-D. de Chartres, Lourdes et La Salette, pour ne citer que les sanctuaires les plus illustres, ont entendu les supplications de millions de pélerins demandant le salut de la patrie. L'incontestab'e preuve de l'efficacité de ces prières, c'est la rage de la presse révolutionnaire, de l'impiété et de la démagogie contre les pélerinages. La démagogie, l'impiété et la Révolution savent par instinct que leur défaite est dans la prière des catholiques. Le grand et merveilleux mouvement religieux qui s'opère sur tous les points de la France est donc la garantie certaine de notre salut.

Mais comment et par quel moyen la France sera sauvée, nul ne peut le dire. Faut-il des calamités plus effroyables et plus terribles que celle que nous venons de subir? Nous devons le craindre. Serons-nous sauvés par un miracle éclatant de miséricorde? Peut-être. C'est 'impénétrable secret de Dieu.

XXVIII

LE LIBÉRALISME

Si quelque chose pouvait arrêter ou empêcher cette résurrection, ce retour miraculeux de la France à la vérité, au bien, à la vie sociale, ce serait toujours la révolution, non pas cette révolution athée, échevelée, hurlante, débraillée, mais la révolution douce, polie, de bonne compagnie, se déguisant et se cachant sous le manteau de la religion, de l'honnêteté, de la charité et du zèle pour la gloire de Dieu et de la patrie. C'est la politique des conservateurs libéraux et particulièrement, en ces jours, des catholiques libéraux. Ce dernier groupe, moins nombreux, mais incomparablement plus influent et plus dangereux que le premier, se compose d'hommes intelligents, habiles, savants, puissants par la parole, par la plume et par les hautes positions sociales. Un grand prestige les environne et ils se sentent d'autant plus forts et plus autorisés qu'ils ont pour chef inspirateur un illustre prélat d'une renommée européenne, polémiste incomparable, académicien supérieur et mêlé à toutes les luttes du jour. Son activité dévorante ne connaît ni barrières ni limites ; quand il le croit nécessaire, il remue le ciel et la terre, il semble que la vapeur a été créée à son usage ; en peu de jours, il parcourt toute l'Europe sans qu'on s'aperçoive de son absence, et il jette partout la semence du libéralisme. L'infatuation de ses idées le lance par-dessus toutes les traditions, même religieuses. Ce prodigieux libéral a entraîné dans son orbite resplendissant une nombreuse pléïade de laïques religieux, de professeurs de Sorbonne et même des religieux : L'un de ceux-ci, âme candide, est mort repentant, et l'autre, trop fameux, plein d'orgueil, a jeté le froc en imitant Luther. Le prélat libéral établit le centre de sa propagande libérale dans une revue périodique intitulée : *Le Correspondant*. C'est là que, sous son active direction, collaboraient les principales illustrations catholiques de France, de Montalembert, de Broglie, de Foisset, de Gaillard, de Lavedan, Cochin et autres. Etrange puissance qu'un homme peut exercer sur les plus belles intelligences et sur les plus nobles caractères ! Charles de Montalembert, catholique si éminent et si résolu autrefois, qui ne voulait accepter ni défendre d'autres doctrines que les doctrines romaines, fut entraîné par les théories libérales à produire et soutenir cet étrange axiome social : L'Eglise libre dans l'Etat libre. Beau rêve d'une imagination généreuse, mais plus généreuse que clairvoyante dans l'anarchie des opinions et dans les tendances visiblement despotiques et impies des Etats, mais qui avait le grand tort de faire abstraction de l'autorité de Dieu sur les lois et les choses du monde et de jeter la société en dehors de l'Eglise et de ses divines influences. C'était un crime, surtout à l'égard de la France, et contre lequel toute l'histoire proteste. Par cet axiome, l'imagination de Montalembert dépassait toutes les limites du vrai social et aboutissait à une espèce d'athéisme social. Jamais divorce plus sacrilége et plus pernicieux ne fut annoncé et soutenu. Sous le rapport religieux, Montalembert poussa jusqu'aux confins de l'hérésie les errements, et je ne crains pas de le dire, les extravagances du libéralisme. Dans sa dernière lettre publique, qui doit faire ses regrets dans l'éternité, il osa accuser les catholiques de faire du Pape une idole d'autorité, lui qui, dans la vérité et les splendeurs de son génie et de son éloquence, l'avait tant exalté comme seule autorité divine et organe toujours vivant de Jésus-Christ pour les hommes et pour les sociétés. Chose étonnante! ce chef si illustre des catholiques de France déclina, dans cette malheureuse lettre, l'autorité papale et lui refusa l'infaillibilité que le concile œcuménique du Vatican allait proclamer dogme de foi. Qu'elle est lourde et redoutable la responsabilité des influences!

Pour aider *le Correspondant* dans l'œuvre de la propagande libérale, il fallait un organe actif, quotidien, retentissant, qui put atteindre toutes les intelligences dans toutes les classes de la société, le prélat libéral fonda le journal intitulé : *le Français,* et des hommes choisis et inspirés par lui furent chargés de la rédaction. Le succès devait dépasser les espérances. En effet, dans un siècle si profondément ignorant en matière de religion et avec des caractères abâtardis par la sensualité et le matérialisme, il en fallait moins pour séduire les intelligences sans théologie et les hommes de bonne foi. Un philosophe a dit que le genre humain se laisse facilement piper par les mots et cette vérité ne trouva jamais une plus évidente application que dans ces temps troublés et incertains. D'abord, le nom seul de liberté est toujours bien accueilli par l'amour-propre, car il paraît constituer un grand cœur et un esprit élevé ; de plus, trop porté à se croire esclave par la dépendance naturelle et forcée où il se trouve, le peuple accepte ce nom de liberté avec enthousiasme comme un gage assuré de délivrance et comme la certitude d'une position améliorée et indépendante. Voilà pourquoi, en très peu de temps, le libéralisme a fait de si grands et de si faciles progrès dans tous les rangs de la société, et les chrétiens laïques, même les plus sincères et les plus honnêtes, ne soupçonnent pas le piége qui est caché sous ce terme. Oui, disons-le hardiment, sous le couvert de la liberté et sous le titre de conservateur et d'hommes d'ordre. Les libéraux sont révolutionnaires, et, sans s'en douter, ils prêtent un appui énorme à la démagogie.

Les faits parlent assez haut. Les fascinations d'une prétendue liberté ont exercé une si puissante influence sur les esprits qu'elles ont changé les hommes de l'autorité en hommes d'indépendance et en ont fait des fauteurs de désordre. Si encore ils savaient imposer à leur infatuation les limites du naturel et de l'humain, mais l'orgueil qui les aveugle franchit toute barrière et les lance dans le dommaine religieux où ils trouvent le châtiment réparateur ou la mort.

Ce n'est pas une hypothèse et encore moins une accusation gratuite que je formule ici. Naguère le monde chrétien a vu avec une indicible douleur les catholiques libéraux s'efforcer d'introduire dans le Concile du Vatican les théories dites libérales des gouvernements humains. Prétendant faire jaillir la vérité divine de la libre discussion et d'une majorité conquise à un prix quelconque, on vit, comme dans les Parlements des Etats européens, les intrigues d'une minorité turbulente voulant devenir majorité, les prétentions des inférieurs à imposer la loi et à faire la leçon aux supérieurs ; on vit enfin une poignée de libéraux assez audacieux pour vouloir subordonner le chef et la tête aux membres de la société chrétienne. Il est à remarquer que la liberté de tous ces efforts, de toutes ces intrigues et de toutes ces audaces avait pour terme unique la négation ou au moins la limitation de l'autorité divine dans l'Eglise de Jésus-Christ. Ces aveugles ne s'apercevaient pas qu'ils travaillaient à la confusion dans l'ordre divin, au renversement de la hiérarchie établie par le Sauveur. Ils ne s'apercevaient pas qu'ils supposaient la possibilité de l'erreur momentanée dans le domaine de l'éternelle vérité et finalement la défection des promesses du Sauveur. Oui, la liberté de penser ou le libre examen, comme la philosophie parle aujourd'hui, a été dans tous les temps la cause efficiente de tous les schismes et de toutes les hérésies. C'est le libre examen qui fait encore de nos jours les apostats, les hérésiarques, les rationalistes et les libres penseurs. Ce que les catholiques libéraux n'ont pu faire dans le Conseil général du Vatican divinement éclairé, dirigé et soutenu par l'Esprit-Saint, ils l'accomplissent dans le monde social avec une facilité d'autant plus grande qu'ils sont aidés par toutes les passions conjurées. Ce qui n'enlève rien à leur responsabilité, loin de là, cette responsabilité en devient plus lourde et plus formidable.

Il est temps d'entrer dans la discussion de ce libéralisme tant prôné comme le Palladium de toutes les sociétés humaines. Précisons d'abord la signification des termes. Ce sera le moyen sûr et rapide d'arriver à une conclusion logique, évidente et définitive.

Qu'est-ce que le catholique? C'est un chrétien, homme baptisé qui fait profession de croire et d'agir par la foi et dans la foi. C'est un homme qui, comprenant l'insubordination originelle et l'affaiblissement qu'elle a produit dans toutes les facultés de son être, accepte en toutes choses l'autorité divine, dans la révélation, dans les miracles, dans les mystères. Il accepte l'autorité divine de l'Eglise dans tous ses enseignements, dans sa hiérarchie, dans sa discipline et dans toutes ses prescriptions. Mais pour cela sa foi n'est point aveugle, il ne fait pas abnégation de sa raison, bien au contraire, il lui donne une activité constante et incomparable, car elle a l'infini pour horizon et unique barrière. Toutefois, si son intelligence s'élance dans le domaine divin, ce n'est certes pas pour révoquer en doute la parole éternelle. Ce n'est pas pour amasser des ténèbres et se faire illusion sur les vérités divines et sur les devoirs qu'elles imposent. Ce n'est pas pour se persuader de la fausseté et de l'impossibilité de la révélation, des miracles, de l'incarnation, de la divinité de Jésus-Christ, de l'infaillibilité du Pape et de l'inutilité des œuvres de la réparation et de la sanctification. Non, mais convaincu de la parole de Dieu, il déploie toute sa puissance de conception et de raisonnement pour faire resplendir les vérités divines de tout l'éclat que l'esprit humain peut comporter, pour faire ressortir les harmonies ineffables qui existent entre la religion, son culte, ses lois et les facultés de notre être, nos besoins, nos aspirations et nos tendances. Dans le cercle infini de ces magnificences le catholique déploie en toute liberté toutes les puissances de son intelligence et de son cœur, et sa vie serait-elle mille fois plus longue que son esprit et son cœur trouveraient toujours à se rassasier davantage. Et cependant jamais dans ses élans le catholique ne franchit la barrière de la parole révélée, jamais il ne pose son verbe contre ou au-dessus du verbe de Dieu. Jamais il ne dit : Je ne croirai que ce que mon intelligence verra et se démontrera vrai. Jamais il ne dit : Je n'approuve pas, je juge mauvaises, ridicules ou inutiles les lois de Dieu. Le catholique sait que l'erreur paralyse l'essor de l'esprit, arrête les élans de l'intelligence et ferme au génie la vision du vrai, du bien et du beau et entrave la liberté. Il sait que l'autorité préserve l'âme de l'erreur, indique les écueils et tient ouverts tous les horizons de la pensée. Si bien qu'avec l'autorité divine toutes les facultés de l'homme jouissent de leur pleine liberté. Voilà pourquoi le catholique est essentiellement l'homme de l'autorité. Il pense, il aime, il veut, il agit dans l'autorité et par l'autorité.

Dans le monde humain et social, le catholique reconnaît sans peine et avec reconnaissance les maîtres et les supérieurs que Dieu lui impose et par conscience il les respecte et les obéit pour son bien propre et pour le bien de la société toute entière : car il ne l'ignore pas, il sait que Dieu a constitué les sociétés, les familles comme les individus ; il sait que respecter et défendre le Pouvoir social comme institution divine est une condition rigoureuse d'ordre, de paix et de vie. Aussi, le catholique reconnaît, accepte et proclame l'autorité déléguée de Dieu dans les chefs des sociétés, comme il la reconnaît, l'accepte et la proclame dans toutes ces manifestations religieuses et sociales. Enfin le catholique est essentiellement l'homme de l'autorité.

Le portrait que je viens d'esquisser du catholique dans les conditions de l'autorité divine et sociale n'est pas une fantaisie de l'imagination, mais une réalité qui, depuis dix-neuf siècles, reçoit une application constante et journalière. Sous le rapport de la liberté de l'intelligence dans l'autorité, qui pourrait énumérer ces multitudes de génies qui se sont élevés à des hauteurs surhumaines, éblouissants encore après tant de siècles, qui ont parcouru et exploré avec tant d'éclat tous les horizons divins et qui ont pénétré les secrets les plus intimes et les plus resplendissants de la divinité et de ses rapports avec les créatures. Ils n'ont pas trouvé leur liberté captive ni limitée, les Augustins, les Athanase, les Chrysostome, les Grégoire, les Thomas d'Aquin, les Bernard, les Bossuet, les Fénélon, les de Maistre, les Chateaubriant, les Balmès, les Donoso Cortés ; l'autorité protégeait la liberté de leur génie. Le contraste est frappant. Aucun philosophe païen ou libre-penseur ne s'est élevé jusqu'à nos jours, dans aucune branche de la science spéculative, à la hauteur d'un seul de ces génies. La grande accusation d'esclavage avec l'autorité divine dans les investigations de la pensée est donc une calomnie flagrante et démentie par les faits de tous les siècles.

Les mêmes phénomènes de la liberté dans l'autorité

s'accomplissent, et quelquefois en caractères sanglants, dans l'ordre politique et social. Dans les persécutions les plus injustes et les plus atroces, les catholiques n'ont jamais songé un instant à se révolter contre les tyrans qui les faisaient mourir, alors qu'il leur était si facile de renverser leur trône et toute leur puissance. Ils préféraient les souffrances, les cachots, les tortures et la mort à l'insurrection et à la révolte contre l'autorité abusant de son pouvoir. S'ils perdaient la liberté de leurs membres, ils savaient démontrer qu'ils jouissaient pleinement de la liberté des enfants de Dieu, et leur martyre proclamait à la fois la liberté de leur âme et la soumission à l'autorité.

Il est donc constaté par la raison, par les faits et par l'histoire que le catholique est par essence l'homme de l'autorité dans les choses divines et dans les choses humaines. En conséquence, il réprouve et condamne toute conspiration, toute révolte dans l'ordre politique et social, comme il réprouve et condamne toute atteinte à la vérité divine et toute assimilation de valeur entre la profession de la vérité et de l'erreur. De ce que le catholique est l'homme de l'autorité et de la soumission aux Pouvoirs légitimes, il ne faut pas croire qu'il adore ou même tolère la servitude. Non, certes, personne plus que lui ne la repousse par des raisons supérieures, parce qu'elle blesse profondément sa dignité d'homme et de chrétien, et parce qu'elle est une dégradation de son titre d'enfant de Dieu et une opposition complète aux doctrines évangéliques de la fraternité et de la justice.

Ce n'est pas en vain que j'affirme l'indépendance du catholique et ses répulsions contre la servitude. Lui seul, en effet, par les doctrines qu'il professe, peut revendiquer en droit sa dignité et sa liberté. Il ne reconnaît pour lois obligatoires que celles qui sont conformes à la justice divine. Et, certes, le catholique ne regarde pas ses droits à la justice et à la liberté comme une vaine théorie qui n'a d'application que dans le monde spéculatif. Il a prouvé par des actes, dans tous les siècles, qu'il savait même au prix de sa vie revendiquer sa liberté de chrétien et de citoyen. Personne n'ignore les intrépides et éloquentes apologies des premiers chrétiens et leurs héroïques protestations contre la tyrannie et les persécutions des empereurs romains. L'héroïque fermeté des Souverains Pontifes et les mémorables protestations des évêques, dans tous les siècles, contre le despotisme des empereurs, des rois, des princes et des seigneurs. Le sang de vingt millions de martyrs affirme assez éloquemment la noblesse d'âme et l'indépendance des catholiques. Aujourd'hui même, quelqu'un au monde peut-il ignorer le royal caractère de Pie IX, sa sublime fermeté et ses magnanimes condamnations des injustices et des brigandages du roi d'Italie, alors que lui, Pie IX, est son captif et à sa discrétion ? Chose étrange ! un contraste saisissant fait ressortir aux yeux de tous et plus que jamais l'indépendance des catholiques et la noblesse de leurs sentiments. Tous les gouvernements de l'Europe reconnaissent ou tolèrent, par leur silence, les iniquités et la tyrannie de Victor-Emmanuel. Pas un hérétique, pas un schismatique, pas un philosophe incroyant, pas un libre-penseur, n'ont protesté contre ces crimes de forbans, contre ces attentats à la liberté des peuples ; seuls, et tout seuls, les catholiques de tous les pays du monde ont élevé le cri de la liberté et la voix des protestations par tous les échos de la parole et de la presse. L'histoire inscrira ces actes solennels dans le grand livre de l'honneur catholique.

Avant le christianisme, tous les peuples étaient esclaves, et les plus grands législateurs et les philosophes, Platon en tête, ne concevaient pas la société, le gouvernement sans l'esclavage, et leur doctrine était profondément rationnelle. Pour contenir les peuples dans l'ordre matériel et dans l'obéissance aux lois, en dehors des doctrines évangéliques, le césarisme seul est puissant et par conséquent nécessaire. Au contraire, l'esclavage a disparu partout où le catholicisme s'est établi et a dominé. Du reste, l'expérience historique donne à cette vérité une preuve inéluctable qui devient une démonstration. En effet, sous les douces influences du catholicisme, toutes les contrées de l'Afrique, de la Turquie d'Europe et une grande partie de l'Asie s'étaient élevées de l'esclavage et de la barbarie à une florissante civilisation et à la culture de toutes les sciences. Là s'épanouissaient, dans un éclat incomparable, les plus beaux génies et les plus sublimes vertus, et lorsque Mahomet et ses successeurs eurent soumis ces peuples au Croissant et détruit la religion chrétienne, toutes ces nations retombèrent rapidement dans l'ignorance, la barbarie et l'esclavage, et nous sommes les témoins inattentifs de ces mémorables transformations. Si les moscovites sont moins ignorants et moins esclaves que les musulmans, c'est qu'ils retiennent encore quelque sève de la civilisation, par les vérités catholiques qu'ils conservent.

Le droit et l'histoire nous autorisent donc à conclure que les catholiques sont des hommes de liberté et d'indépendance parce qu'ils professent et proclament l'autorité divine comme fondement de la société. Sur ce terrain solide, nous pouvons avancer hardiment que le catholicisme renferme virtuellement toutes les libertés légitimes, par cette raison péremptoire qu'il approuve le bien dans tous ses développements et qu'il réprouve tous les obstacles qui l'entravent dans son expansion complète, et cela résulte de la nature même qui appelle l'homme à progresser sans cesse dans la vérité et dans le bien pour son bonheur individuel et pour le bonheur social.

Ici encore l'histoire rehausse d'un éclat resplendissant les beautés sociales du catholicisme. En effet, s'il y a une certitude historique qui se dégage du sein des nations, c'est celle-ci : Plus un peuple est catholique dans ses croyances et dans la pratique de la vie, et plus la somme des libertés dont il jouit est grande et rend les lois répressives inutiles. Au contraire, moins un peuple a de religion, c'est-à-dire de freins spirituels, et plus les lois préventives et répressives sont nombreuses et nécessaires. On peut dire avec pleine conviction que la religion est le vrai thermomètre de la liberté ou de l'esclavage des peuples. Chaque nation peut vérifier de siècle en siècle dans son sein cette vérité d'expérience. Le catholicisme n'est donc pas l'ennemi de la liberté, il en est bien plutôt le générateur et l'appui.

Il résulte d'une part que le catholique est essentiellement l'homme de l'autorité et de la soumission, et d'autre part que lui seul a droit de proclamer toutes les libertés légitimes. La qualité de libéraux que certains catholiques ajoutent à leur nom incommunicable et complet est donc une superfétation, un pléonasme, si ce n'est pas une hypocrisie. On peut porter le défi à tous nos libéraux du jour de trouver dans l'antiquité chrétienne un seul catholique qui se soit qualifié de libéral. Le titre seul de catholique renferme et exprime tout bien, toute vertu et toutes les libertés vraies. L'appendice de libéral est donc superflu, mais certains catholiques avaient besoin de cette enseigne pour leur ambition et leurs théories sociales.

Ils ont voulu associer à la religion des erreurs énormes et les faire passer dans l'esprit public sous l'étiquette séduisante du catholicisme et de la liberté. Voici, en abrégé, leurs prétentions : Le catholicisme modifié, rajeuni et approprié aux exigences modernes ; la politique dégagée des entraves religieuses et agissant dans toute son indépendance séculière ; la société, trop longtemps asservie sous la chaîne de la servitude morale, marchant sans entrave à la conquête d'un idéal de perfection sociale, avec la pleine liberté du bien et du mal. Il est facile de voir que ces prétentions inouïes jusqu'à ce jour sont de criminelles aberrations d'esprit sous le triple rapport religieux, politique et social.

Sous le rapport religieux, les catholiques libéraux touchent de très près au protestantisme. Nous l'avons vu naguère avec une évidence désolante. Sans doute ils ne niaient pas l'infaillibilité de l'Eglise et de ce côté ils gardaient l'orthodoxie, mais ils refusaient l'infaillibilité au vicaire de Jésus, au Souverain Pontife, au Pape, sans lequel, même de leur aveu, l'Eglise ne saurait être infaillible. Leur refus de croire a été si bruyant, si passionné et si obstiné qu'il devint un véritable scandale. Il est même à remarquer que les catholiques libéraux seuls ont fait cette opposition qui restera mémorable dans les annales du monde. Bien qu'ils ne niassent pas l'infaillibilité dans l'Eglise, ils affaiblissaient tellement le pouvoir de l'Eglise dispersée qu'ils exigeaient la fréquence décennale des conciles généraux et même leur permanence sous le nom de commission conciliaire. Ils faisaient une part si courte à l'inspiration ou à l'assistance du Saint-Esprit que les décisions doctrinales ressortaient moins pour eux de l'action divine que de la discussion et du scrutin. C'est-à-dire qu'ils faisaient du concile une espèce d'assemblée parlementaire et toute humaine.

Ce n'est pas tout. Avant le concile du Vatican ils refusaient au Souverain Pontife la juridiction ordinaire sur l'Eglise universelle. Ils voulaient, eux, libéraux, que chaque évêque fut indépendant du Pape dans tous les actes de son administration, qu'il ne relevât que de lui-même et de son souverain. C'est-à-dire qu'ils réclamaient le despotisme sans contrôle de l'évêque à l'égard de son clergé. Le monde n'oubliera pas ces prétentions retentissantes si solennellement condamnées par le Concile du Vatican. Les conséquences immédiates d'un tel système étaient celles-ci : Affaiblir jusqu'à la rupture l'autorité divine, constituer l'individu indépendant du Pouvoir suprême dans la hiérarchie, et d'autre part, par une contradiction flagrante et monstrueuse, les catholiques libéraux soumettaient au Pouvoir laïque de César l'Eglise émancipée par eux de l'autorité du Pontife souverain. Tel a été le travail constant et trop réalisé des gallicans, pères des libéraux. Ils sont arrivés à ces extrémités encore vivantes : 1° Que le représentant de Jésus-Christ, l'oracle de la vérité divine, ne peut plus faire entendre en France sa parole doctrinale sans le bon plaisir de César; 2° que tout l'épiscopat, dans tous ses mouvements, est livré au despotisme de César. C'est-à-dire que le prétendu libéralisme des libéraux a pour résultat d'exalter la puissance temporelle au détriment de l'autorité religieuse et d'établir la servitude de l'Eglise dans tous les degrés de la hiérarchie. Voilà des faits constants, permanents, dont nous sommes les témoins attristés. Par un abus étrange de la parole, mais aussi pour séduire l'esprit léger des Français, les gallicans libéraux ont osé appeler cet état de choses libertés gallicanes, mais le langage vrai le nomme de son vrai nom : servitudes de l'Eglise. C'est-à-dire que, contrairement à leurs principes, les libéraux ne peuvent et ne savent faire que du despotisme au profit de la puissance laïque et de la servitude à l'égard des inférieurs. Depuis la condamnation de ces erreurs par le Concile du Vatican, les libéraux gardent la prudence du silence, et ceux qui parlent ou écrivent cherchent à équivoquer et à éluder la condamnation.

Si les opinions des libéraux conduisent au renversement de la constitution de l'Eglise, au renversement du

Pouvoir divin dans la hiérarchie et finalement à la servitude de l'épouse du Christ, elles aboutissent fatalement à la révolution sous le rapport politique.

En effet, suivant les principes et la méthode des déistes, les libéraux font abstraction complète de l'élément religieux dans la constitution et la direction des sociétés humaines. Nous avons déjà réfuté cette erreur. Ils n'admettent par conséquent aucun principe divin constitutif du Pouvoir : Ni la puissance patriarchale dans les temps primitifs, ni le Pouvoir héréditaire dans les temps modernes. Mais ils acceptent toutes les modifications et tous les changements que les événements amènent dans le Pouvoir sans se préoccuper de l'injustice ou de la violence de ces événements. Pour eux la destruction du Pouvoir si séculaire, si paternel, si légitime soit-il n'est qu'un accident dans la société et jamais un crime qui détruise le droit, car ils n'admettent pas de droit. Aussi ils applaudissent à tout Pouvoir nouveau quelle que soit son origine. Ils ne font résistance et obstacle qu'au seul Pouvoir légitime et héréditaire, par cette unique raison qu'il est de la nature de ce Pouvoir de protéger la liberté du bien et de restreindre la liberté du mal. Ils ne supportent pas qu'une seule liberté puisse être restreinte, le Pouvoir devrait-il succomber sous ses coups.

De plus, les libéraux admettent comme définitifs tous les renversements de dynasties, tous les changements politiques et tous les faits révolutionnaires généraux, si évidentes que soient l'injustice et la violence, et par là ils se constituent révolutionnaires de la pire espèce, parce que leurs principes religieux sanctionnent les excès de la force brutale. L'histoire, vengeresse du droit et de la justice, consignera dans ses annales que les catholiques libéraux, de concert avec les forbans italiens, ont fait passer dans le régime actuel de l'Europe la monstrueuse maxime des faits accomplis ; et le monde a entendu le chef le plus illustre de cette secte légitimer en plein Sénat les faits accomplis en Italie, c'est-à-dire les brigandages et les rapines de Victor-Emmanuel contre le domaine du Souverain Pontife. C'était l'audace dépassant toutes les limites.

S'il pouvait rester un seul doute sur les principes politiques et les tendances subversives du libéralisme, il disparaîtrait en présence du salut de la France qu'ils empêchent et des calamités qu'ils provoquent. Redisons-le hautement : Dans l'état d'humiliation, d'abaissement, d'anarchie et de ruines où se trouve la France, un seul homme peut nous sauver, parce qu'il porte en lui le principe sauveur de notre désolée patrie. Cet homme est Henri V, héritier unique et magnifique de la monarchie française. Les partis honnêtes trouvant en lui la fin de l'anarchie et des révolutions, et la garantie certaine de l'ordre et de la paix, ne manqueraient pas de se ranger autour de lui. Toutes les puissances de l'Europe solliciteraient son alliance, les bons se rassureraient et les méchants rentreraient dans les ténèbres. Eh bien ! chose remarquable, un parti, un seul, (je ne parle pas des radicaux, ennemis-nés de tout Pouvoir légitime), fait opposition et perpétue les convulsions de la patrie, c'est le parti des libéraux. Ils prétendent imposer au roi de France des conditions révolutionnaires, et, sous prétexte de conciliation, le drapeau que 93 arbora sur l'échafaud de Louis XVI. Tout le monde sait qu'en réponse à cette sanglante injure qu'osa lui faire une députation à la tête de laquelle était le prélat libéral, Henri V dressa le drapeau blanc et déclara qu'il ne serait jamais le roi légitime de la Révolution. Le drapeau n'est qu'un prétexte. Depuis la royale réponse de Henri V, les catholiques libéraux déploient une activité dévorante à semer la division dans le parti monarchique. Presque tous se sont ralliés aux princes d'Orléans ou à la république, déclarant Henri V impossible, dût la France périr à jamais. Ils préfèrent de beaucoup, en effet, un roi usurpateur ou la Révolution. La raison en est que, sous une monarchie légitime, ils ne pourraient pas faire prévaloir leurs principes de conciliation entre le vrai et le faux et les principes de pleine liberté pour le mal comme pour le bien. Leurs prétentions, leurs défections, leurs trahisons, leurs manœuvres malsaines font dans ce moment le malheur et la honte de la France et le scandale de l'Europe sous le rapport politique.

Toutefois, depuis le triomphe des théories révolutionnaires, les catholiques libéraux ont jeté le masque, et, comme les déistes, les matérialistes, les libres-penseurs ils ont proclamé et sollicité, par toute espèce d'écrits retentissants, la séparation de l'Eglise et de l'Etat. Par cette séparation, la liberté ne trouvait plus d'entraves, la pleine liberté du mal et de l'erreur comme la liberté de la vérité et du bien étaient conquises. L'idéal du gouvernement était réalisé. Le chef laïque des catholiques libéraux, le plus autorisé et le plus puissant en parole, réduisit toute cette théorie en un axiome fameux qui a retenti dans le monde entier : L'Eglise libre dans l'Etat libre. Aveuglé par les apparences honnêtes et séduisantes de cet axiome, M. de Montalembert crut de bonne foi s'être élevé à la plus sublime politique. Affreuse séduction de l'erreur ! Cette intelligence si vigoureuse, cet esprit si sagace, cette âme si catholique croyait planer sur les hauteurs magnifiques des doctrines divines, et il ne voyait pas qu'il pataugeait sur le terrain de l'athéisme et dans la fange de la démagogie !

Séparation de l'église et de l'Etat, ou bien l'Eglise libre dans l'Etat libre, qu'est-ce que cela veut dire ? Si les mots ont une signification pratique, les libéraux doivent entendre que l'Etat est indépendant de l'ordre surnaturel, indépendant dans ses doctrines, dans ses lois, dans son action des doctrines, des lois et de l'action de l'Eglise, qu'il pourra légitimement dans son ressort empêcher ce que l'Eglise ordonne et ordonner ce que l'Eglise défend, chacun ayant à part sa sphère d'activité, ses appréciations des hommes et des choses et ses intérêts séparés. C'est-à-dire qu'en principe de l'axiome, l'Etat ne reconnaît pas la divinité de Jésus-Christ, ni ses doctrines, ni ses lois, et de plus il ne doit pas les reconnaître sous peine de perdre une grande partie de sa liberté, ou d'être inconséquent et coupable au dernier chef. Le surnaturel est pour l'Etat, dans cette doctrine, comme s'il n'était pas; les lois divines n'ont pas plus de valeur, l'Etat n'admettant d'autres lois que celles qu'il impose. C'est l'athéisme pratique. Montalembert avait cru émettre quelque chose de nouveau dans son fameux axiome : L'Eglise libre dans l'Etat libre; il était rétrograde. Il y a bien des années qu'un autre libéral, Odillon Barrot, avait proclamé aux applaudissements d'une Chambre révolutionnaire cette maxime : L'Etat est athée et doit l'être. Triste origine et plus triste doctrine !

De sorte que ces grands politiques, faisant violence au sens commun et à toute l'antiquité païenne et chrétienne, bannissant de la société l'auteur même de la société; ils fabriquent au hasard un Homme-Pouvoir en dehors de Dieu, avec pleine puissance de choisir dans les fantaisies de ses caprices les lois qu'il voudra porter, et ils imposent à toute une nation l'obligation d'obéir sous peine de mort. Voilà le singulier idéal politique des libéraux ! Mais c'est le droit brutal du plus fort, c'est l'asservissement des peuples, c'est le retour sacrilége à l'esclavage antique.

Car si la liberté et la dignité de l'homme existent encore sous un pareil régime, ce sera la haine des tyrans et l'insurrection perpétuelle sera le plus saint des devoirs.

Chose étonnante! après quinze siècles de catholicisme, de règnes chrétiens, de libertés pour les nations comme pour les individus, des hommes graves, intelligents et religieux osent proclamer et propager ces doctrines inouïes que les rois païens ne connaissaient pas, car eux, du moins, faisaient descendre leur Pouvoir et leurs lois du ciel.

Quoi donc! Sont-ils catholiques, sont-ils Français, ces libéraux qui demandent la séparation de l'Eglise et de l'Etat, l'Eglise libre dans l'Etat libre? Catholiques, ils renoncent donc à l'intervention divine sur la France et sur toute société? Français, ils répudient la mission providentielle de la France et presque toutes ses gloires? Ils ne permettent plus à Dieu de se servir de l'épée et du bras de la France pour ses œuvres de civilisation et de justice? Ils rougissent de la monarchie française que les évêques ont fait avec tant de zèle et de sollicitude? Oui, disons-le hardiment, la séparation de l'Eglise et de l'Etat, l'Eglise libre dans l'Etat libre sont des maximes anti-française autant qu'elles sont anti-catholiques. Voilà pourquoi avec cette sagesse, toujours bien inspirée, le Souverain Pontife a condamné ces perfides maximes dans ce mémorable syllabus qui a excité la fureur des libéraux et produit le désespoir pour le succès de leurs audacieuses théories. Si le système des catholiques libéraux est faux et aboutit à des résultats si funestes sous le rapport religieux et politique, il n'est pas moins erroné et funeste sous le rapport moral et social.

C'est une vérité de raison et d'expérience reconnue par tous les grands moralistes et par tous les hommes d'Etat, dans tous les temps, que les croyances et les mœurs font les sociétés à leur image. La nature humaine étant donnée telle qu'elle est, aucune société ne saurait exister sans croyances. Or, si les croyances sont multiples dans la société, il y a désaccord, antagonisme, désordre, et, partant, l'union et la paix sont sans cesse compromises. Si les croyances diminuent ou s'affaiblissent au point de disparaître, il y a anarchie et bientôt destruction inévitable.

C'est encore une vérité de raison et d'expérience que les mœurs suivent invariablement et nécessairement les vicissitudes des croyances. Si les croyances sont uniformes et vraies, il y a union de pensées, et, partant, paix et sécurité dans le corps social, et le niveau des mœurs tend sans cesse à s'élever et à se perfectionner. Telles sont les lois invariables des sociétés humaines. Toute l'histoire du christianisme dans ses rapports avec le paganisme, et l'histoire du catholicisme dans ses rapports avec les hérésies et les erreurs philosophiques et sociales sont une démonstration éclatante de cette vérité. Vérité si évidente que le grave Montesquieu, peu suspect en cette matière, a pu dire sans être démenti, dans le *Siècle des encyclopédistes*, que la religion chrétienne, qui ne semble avoir pour but que la félicité du monde à venir, fait encore notre bonheur ici-bas.

Le Pouvoir dans la société doit donc, pour le bonheur de tous, favoriser les croyances qui assurent le mieux le bien général, l'ordre, le respect du droit et la justice. Il doit surtout les protéger dans leur expression sensible et dans leur expansion. Cette assertion étant incontestable en thèse générale, s'accroît à un degré suprême d'évidence s'il s'agit du royaume éminemment chrétien et catholique, c'est-à-dire de la France, fille aînée et bien-aimée de l'Eglise.

A ne considérer l'Eglise que sous le rapport social, tous les gouvernements sans exception devraient l'aimer, la protéger, la favoriser et la propager parce qu'elle est la doctrine du devoir, de l'autorité, de la soumission réfléchie, consciencieuse et presque divine, parce qu'elle est la grande école du respect en général et du respect des droits d'autrui. Aucune religion ne porte au Pouvoir autant d'appui et de secours et à la nation autant d'ordre, de paix, de liberté et de bonheur. Voilà pourquoi, en sévissant contre l'Eglise et les chrétiens, les persécuteurs se sont rendus coupables d'un double forfait. Ils ont commis un crime religieux et un crime social.

Toutefois, il faut bien se garder de croire que pour être obligé de protéger, de défendre et de favoriser le catholicisme ou l'Eglise plus que toutes les religions diverses, le Pouvoir doive se constituer juge des doctrines en elles-mêmes. C'est le sophisme des libres penseurs, mais c'est une grande erreur, il suffit que le Pouvoir apprécie l'application et l'influence des doctrines sur la société. En France, le sophisme est stupide, l'observation même est superflue, puisque l'immense majorité des Français professe la divinité de Jésus-Christ et la divinité de l'Eglise, puisque ses monarques, pendant quinze siècles, ont eu la même foi et confessent la divinité du catholicisme. Aussi combattre, entraver, neutraliser les croyances catholiques n'est pas pour le Pouvoir, en France, un crime social seulement, mais encore un crime de lèse-majesté divine. Et lorsque je dis combattre, entraver, neutraliser l'action catholique, je n'entends pas une action directe ou personnelle du Pouvoir, mais j'entends ce que les libéraux proclament si haut de nos jours comme légitime et obligatoire, à savoir : le laisser faire des hérétiques, des matérialistes, des libres penseurs contre le catholicisme.

Je n'ignore pas que pour éviter un plus grand mal, la tolérance de l'erreur est avantageuse, et c'est ainsi qu'à Rome même le Souverain Pontife tolère les Juifs et leur synagogue et même les temples des ambassadeurs hérétiques; mais le principe reste inébranlable et proteste contre les abus, et j'appelle abus la protection formelle et efficace des erreurs religieuses et sociales et de leur expansion. Quant aux mœurs, il est inutile de prouver que le Pouvoir a le droit et de plus l'obligation de sauvegarder l'honnêteté publique et de réprimer l'immoralité quelle qu'en soit la forme. Toute la nature humaine se soulèverait contre la négation d'un tel droit et d'un tel devoir. Tout l'ordre social repose sur ces principes, et leur violation ne manquerait pas de produire des perturbations sociales, des catastrophes, bientôt et en peu de temps la destruction de la société.

Et cependant, que veulent les catholiques libéraux ? Ils demandent avec insistance et à grands cris la liberté et toutes les libertés : La liberté de l'erreur aussi bien que la liberté de la vérité, la liberté du mal comme la liberté du bien, et c'est pour cette raison même qu'ils s'appellent libéraux, car le catholicisme veut, réclame et proclame la liberté, et toute la liberté pour la vérité et pour le bien. Toutefois, ils sentent l'odieux de cet adjectif et ils veulent le justifier en disant que pour obtenir la liberté totale du bien et du vrai, il faut réclamer la même liberté pour l'erreur et pour le mal.

Voici les raisons qu'ils allèguent.. Ils prétendent que dans un siècle éclairé et civilisé comme le nôtre, les splendeurs de la vérité divine doivent à la longue vaincre l'erreur dans les esprits et détruire le mal dans les cœurs. A leur sens, la victoire doit infailliblement rester à la vérité et au bien. Fatal sophisme qui indique un trop grand oubli de la déchéance originelle. Sans nul doute la victoire doit rester à la vérité, mais par cette seule raison que la vérité est éternelle. Expression de la pensée de Dieu, elle ne peut pas périr, elle est perpétuellement subsistante en elle-même. Mais dans les combats qu'elle livre à l'erreur au sein de l'humanité elle a toutes les chances contre elle, la victoire ne dépend pas d'elle, c'est le libre arbitre de l'homme qui fait son triomphe ou sa défaite. Sans doute la vérité a des splendeurs et des beautés intrinsèques qui ravissent les anges et les saints dans le ciel, mais sur la terre elle n'apparaît que dans les ombres et les obscurités de la foi, elle est toujours hérissée de prescriptions et de devoirs que la nature déchue supporte avec peine. Tandis que l'erreur flatte l'orgueil, l'indépendance et les appétits charnels, elle dispense des devoirs, elle arrache les ronces et les épines des sentiers de la vie, elle les embellit de tous les charmes des plaisirs et promet la félicité, et, observons-le bien, une félicité actuelle, présente et palpable. Non, entre la vérité et l'erreur, entre le bien et le mal, le combat n'est pas égal. L'erreur et le mal, si puissamment secondés par la nature déchue, doivent presque toujours triompher de la faiblesse du libre arbitre, et la religion enseigne qu'au sein de cette lutte un secours divin est nécessaire afin que l'humanité ne succombe pas. A défaut de raisons philosophiques et théologiques, le bon sens tout seul en ferait une démonstration invincible. Ecoutons-le :

Pour embrasser et conserver la vérité, qui est intellectuelle, pour faire le bien dont la récompense est spirituelle et éloignée, il faut des efforts, il faut réagir contre soi-même, combattre la nature et sacrifier ses aises et ses appétits. Et pour faire le mal, il suffit de s'abandonner aux penchants de la nature et de jouir d'un plaisir certain, réel, actuel et tangible. Or, en présence de la vérité et de l'erreur, du bien et du mal, avec les caractères de leur réalisation, l'humanité en général ne manquera pas de faire choix du mal et de l'erreur. L'expérience lamentable de toutes les générations, dans tous les siècles, ne laisse aucun doute sur ce point

Réclamer du Pouvoir la concession d'une égale liberté pour l'erreur et pour la vérité, pour le mal et pour le bien, c'est exposer l'humanité déchue à la plus dangereuse tentation, à une démoralisation presque certaine, c'est la précipiter sans croyances et sans mœurs dans toutes les convulsions sociales et finalement dans des malheurs irrémédiables. C'est de plus obliger le Pouvoir à travailler à sa propre destruction en prêtant à la révolution les secours les plus efficaces et les plus prompts pour opérer la ruine de l'ordre social. 93, la Commune, l'état actuel des esprits et les tendances de nos révolutionnaires sans croyances et sans mœurs, jettent les plus vives et les plus sanglantes lumières sur les résultats des prétentions libérales. Séduits par les prestiges de la liberté, fascinés par les illusions de la théorie, qui, en effet, serait splendide de beautés et magnifique de résultats, dans une société d'anges ou de saints, les catholiques libéraux ne tiennent aucun compte de la déchéance originelle, ni de l'histoire, ni des aspirations de bouleversement et de mort qne les révolutionnaires font retentir à leurs oreilles chaque jour. Après tant d'expériences et de clartés sinistres et de menaces retentissantes, on les voit, on les entend réclamer comme un droit naturel, légitime, inaliénable la liberté de conscience, la liberté des cultes, la liberté de la parole, la liberté de la presse, enfin toutes les libertés, du moins ce qu'ils appellent liberté, car chacune de ces libertés renferme deux sens bien tranchés : le sens droit, vrai, divin, et le sens dépravé, faux et criminel qui est la chute, la prévarication du libre arbitre, qu'on appelle licence ou abus. Oui, sans nul doute, chaque individu a le droit, et non pas le droit seulement mais le devoir de servir Dieu, de lui rendre le culte qu'il prescrit, de proclamer la vérité divine et sociale et de la répandre par tous les moyens de publicité. Le Pouvoir de la société a la mission impérieuse de protéger ce droit et de favoriser ce devoir, et c'est là la vraie liberté. Le contraire de ce droit est une prévarication et le contraire de ce devoir est un crime. Or, il est évident aux yeux de tous que les libéraux prétendent garantir à la prévarication et au crime la même liberté qu'au droit et au devoir. C'est là l'illusion coupable des libéraux catholiques. Comme les enfants, ils se laissent séduire par le retentissement des mots. Par liberté de conscience, entendent-ils que la conscience doive jouir de la liberté de choix entre la vérité et l'erreur, entre le bien et le mal ? Prise dans ce sens, la liberté de conscience est une impossibilité et un non sens. La conscience est ainsi faite qu'elle ne peut jamais être libre, quelle que soit la pression que les circonstances exercent sur elle, elle n'a et ne peut avoir que des devoirs à remplir. Entre la vérité et l'erreur, entre le bien et le mal connus, elle voit et établit une contradiction absolue, sans conciliation possible, et elle affirme invinciblement la vérité et le bien, comme elle condamne le mal et l'erreur. Elle est comme un écho de la justice de Dieu. Voilà pourquoi l'homme qui n'est pas éclairé des lumières du christianisme et qui, dans la bonne foi obéit au dictamen de sa conscience dans la loi naturelle, trouvera grâce auprès de la justice de Dieu. Il n'y a donc pas de termes moyens, d'accommodements ni de juste milieu pour la conscience ; la volonté peut capituler devant un intérêt quelconque, la conscience ne capitule jamais. De même que l'erreur est la négation du vrai et qu'aucune puissance humaine ne pourrait en changer la nature et en faire une affirmation, de même la conscience n'en fera jamais une vérité. En d'autres termes, placée en présence de la vérité et de l'erreur, la conscience ne peut pas ne pas se prononcer, elle affirmera et elle condamnera. Rien au monde, ni lois humaines, ni séductions, ni menaces, ni violences, ne peuvent changer sa nature en lui donnant une liberté de choix entre le vrai et le faux. C'est plus encore, alors que l'homme fait des efforts sataniques pour trouver la vérité erreur et qu'il entoure celle-ci de tous les prestiges des sophismes, la conscience résiste à tous les emportements des passions. Les aveux des incrédules et des impies convertis ajoutent à cette thèse une conclusion décisive. Ainsi prise dans son essence, dans sa nature, la conscience repousse de tout point la liberté dont on prétend l'affubler. Elle n'en jouit que dans le système des matérialistes, des impies, des libres penseurs, qui n'admettent ni crimes ni vertus, ni bien ni mal, ni surnaturel ni divin. Il est déplorable de voir et d'entendre des catholiques convaincus de l'existence du divin, du surnaturel, de la vérité et du bien, faire violence à la nature des choses pour s'accommoder au langage des ennemis de Dieu et de la conscience. Toutefois, il est reconnu de tous que les éblouissements de l'orgueil peuvent séduire l'intelligence, que les vapeurs des passions peuvent obscurcir l'entendement, que les sophismes peuvent voiler la vérité, et, dans ce cas, la conscience disparaît, puisqu'un jugement sain et pratique ne peut être porté par elle, alors ce n'est plus la conscience qui dirige la vie, c'est l'intelligence flottante qui prend toutes les directions et se heurte contre tous les écueils.

Voilà les résultats que les catholiques libéraux ne craignent pas d'affronter en réclamant comme un droit la liberté de conscience. C'est, dans leur pensée, la liberté de manifester publiquement ses pensées, ses sentiments dans l'ordre religieux, moral et social. Et observons bien, dans le sens opposé à l'ordre établi de Dieu, à l'ordre catholique. Une seule chose peut expliquer cette aberration d'esprit, le parti pris, quoi qu'il advienne, ou l'infatuation du système, car enfin il n'est pas possible que des hommes religieux et intelligents puissent regarder les sophismes, les mensonges, les blasphèmes contre Dieu et la religion, la justification du crime, l'apothéose de l'adultère et de l'immoralité, le mépris du Pouvoir et l'excitation à la révolte comme inoffensifs sur des multitudes avides de nouveautés, de changements et de complaisance pour les instincts pervers. La passion, d'ailleurs, est toujours si intelligente et si prompte pour trouver une raison ou un prétexte qui l'autorise à esquiver le devoir et à se satisfaire; ce danger suffirait, à lui seul, pour condamner le principe de cette liberté. Du reste, et cette réflexion est sans réplique possible : le premier dogme du Catholique consiste à croire que Dieu a parlé dans l'ancien testament, qu'il a parlé par Jésus-Christ et qu'il parle incessamment par l'Eglise, qui est son organe toujours vivant. Admettre un seul doute ou simplement s'exposer à un doute sur la parole de Dieu, c'est faire outrage à sa majesté et à sa véracité. Par conséquent, exposer les hommes, par la liberté de la presse, à douter de la parole de Dieu, c'est vouloir renouveler le crime d'Adam, prêtant l'oreille au doute que Satan lui suggérait sur les affirmations du Créateur. Comment donc qualifier la prétendue liberté de conscience dans la publication de l'erreur et dans la lecture des écrits erronés ou blasphématoires qu'elle produit ? A aucun point de vue, cette liberté ne saurait être licite.

Sous le prétexte de favoriser la science et d'accélérer le progrès de l'humanité, les catholiques libéraux, d'accord, ici, avec les libres-penseurs, disent en vain que, dans ce siècle si éclairé, tout homme doit connaître la vérité et l'erreur, le bien et le mal. Cette étrange proposition, renouvelée de l'Eden est injustifiable à tous les points de vue. Sa mise en pratique ne peut être que l'obscurcissement du vrai et une cause de rapide décadence. Que faut-il à l'humanité pour remplir sa destinée providentielle? Un symbole de foi bien arrêté et un code de morale bien défini. Or, le monde, et particulièrement la France catholique, possède ce *Crédo* divin et ce code de morale. Porter atteinte à l'un ou à l'autre, c'est arrêter l'humanité dans sa voie, c'est la ramener aux mœurs païennes, c'est découronner la France de sa plus belle gloire et la livrer à toutes les extravagances de l'erreur et à tous les abaissements de l'immoralité.

D'ailleurs, l'expérience est faite et elle est palpitante sous nos yeux. Napoléon III, l'Empereur carbonaro, a pleinement satisfait les désirs de tous les libéraux ; il a lâché le frein à toutes les prétendues libertés du mal et de l'erreur. Ces libertés, portées sur les ailes de satan, ont franchi toutes les barrières et, dans leur course vertigineuse dans le monde religieux, moral et social, elle n'ont rien épargné, mais tout ravagé. Même au milieu de nos malheurs, les voix de l'erreur retentissent toujours, chacun peut les entendre. Dans le monde religieux, Dieu est nié, insulté, appelé le mal et l'athéisme et érigé en dogme. Jésus-Christ est un mythe, un homme sage ou imposteur à volonté. La Religion sous toutes les formes est outragée, travestie, elle ne fait que des esclaves, elle est la cause de tous nos malheurs, elle est une niaiserie dont la science a fait justice, il est bien temps de l'étouffer dans la boue pour jouir de la plénitude de la science et de la liberté. Les chrétiens sont offerts tous les jours aux multitudes ignorantes et corrompues comme objet de haine et de mépris, hypocrites, tyrans, lâches et vermines dont il faut se défaire au plus tôt. L'homme ne relève que de lui-même, il n'a nul besoin d'un créateur céleste ni de loi pour se conduire, lui-même est sa loi, lui seul fait ses actions bonnes ou mauvaises, suivant qu'elles lui sont nuisibles ou avantageuses. Sa grandeur originelle a été surfaite, il a pour père le singe, et il en aura la destinée, c'est-à-dire le néant. Il est tout entier matière, jamais le scalpel de l'expérimentateur n'a trouvé l'âme dans aucun filament de son corps; les phénomènes de la pensée et même du génie ne sont que le résultat des sécrétions de cerveau, le monde surnaturel ou divin que quelques-uns rêvent encore n'est que le produit des fermentations cérébrales trop élevées. La science ne permet plus de faire mention de Dieu ni d'une vie à venir parce que ni l'un ni l'autre n'existent. Le devoir de chacun est de se procurer le plus de jouissances possibles.

On le voit, et les libéraux peuvent être satisfaits, l'erreur jouit de la plénitude de sa liberté dans le monde religieux. Elle n'a pas été moins libre dans le monde moral. La morale indépendante a affranchi la conscience de la pensée et de la loi de Dieu et toutes les concupiscences ont été déchaînées, et le monde a entendu le dogme de la réhabilitation de la chair, la légitimité et les avantages de la promiscuité, le mariage traité de tyrannie et d'immoralité, l'épouse légitime flétrie et la concubine honorée. La fille échevelée des carrefours réhabilitée et la bacchante pétroleuse estimée divinité. Des romans, des feuilles périodiques, des feuilletons, toutes presses ont répandu partout et à profusion l'écume de l'immoralité, les nudités complètes posent sur plusieurs théâtres. Les obscénités les plus dégoûtantes frappent au premier rang de la plupart des vitrines ou les hommes pourceaux peuvent rassasier leur regard et la jeune fille flétrir sa pudeur. Tous les arts, la peinture, la gravure, la sculpture, la photographie, ont été mis au service de l'immoralité. Dans cette boue infecte et horrible, la liberté du mal a pris de nouvelles forces. La famille n'a plus été qu'un contrat civil, la justice une chimère, l'honnêteté une duperie, le dévouement un leurre et le sacrifice une imbécilité, la base même de la société ne devait pas être respectée, la propriété a été déclarée vol.

Dans le monde social, la liberté du mal et de l'erreur a déployé toutes ses enverjurés. La société a été soustraite à l'intervention divine. Le Pouvoir n'a relevé que de lui-même ou du caprice des peuples. L'insurrection a été le plus saint des devoirs. l'état a été proclamé athée, et il n'y a plus eu de crimes politiques. Les faits de rapines et de brigandages au détriment de la justice et du droit des gens ont été reconnus faits accomplis et placés au rang des dogmes modernes. Voilà plus de libertés qu'il n'en faut pour établir infailliblement l'anarchie et tous les béliers de destruction contre la société. Ce n'est pas tout, il fallait la liberté protégée par le Pouvoir, c'est-à-dire la liberté sans aucune entrave et par conséquent échevelée et en débauche. La France et l'Europe l'ont vue et entendue dans les chaires publiques de l'Etat, dans les grandes réunions autorisées, dans les cercles, dans les clubs, dans la capitale et dans toutes les villes de la France. Qui ne se rappelle les orgies de doctrines, de blasphèmes et de brigandages qui s'accomplissaient à la stupeur de tous? Tous les jours, la déchéance de Dieu était proclamée.

Il fallait un monde nouveau, une société nouvelle. Les rois, les empereurs, les princes, les grands, les riches, les magistrats, les bourgeois, les industriels corrompus et pourris devaient disparaître. Tous les jours l'extermination de la religion, des prêtres, des temples, de la famille, de la propriété et de l'infâme capital était démontrée nécessaire, inexorable, et cela aux applaudissements frénétiques de multitudes ignorantes, corrompues, affamées.

Ce n'est pas tout. La presse de Paris et la presse de province rapportaient chaque matin, dans chaque cabaret, dans chaque cercle, dans chaque café, dans chaque rue de ville ou de village, ces blasphèmes, ces immoralités, ces paroles dévastatrices, les commentaient et en demandaient la réalisation immédiate. C'est-à-dire que chaque jour et à chaque heure, toute la France était saturée d'impiétés, de haines, d'immoralités inconnues et de fureur de destructions. Les ministres libéraux du Pouvoir justifiaient l'ineptie de leur inaction en disant que l'excès du mal ferait réagir le bien et le vaincrait. Pauvres ministres libéraux! et pauvre France livrée à de tels guides!

Dans leur théorie et dans leurs désirs de pleine liberté pour l'erreur et pour le mal, les libéraux doivent être pleinement satisfaits. Mais comme on juge un arbre par ses fruits, on juge les doctrines par leurs résultats. Or, les résultats sont lamentables et effrayants. Sous le rapport religieux, il y a la haine de Dieu au lieu de la crainte et de l'amour. Le peuple des villes ne fréquente plus les églises, il a horreur ou mépris de la religion et de tout ce qui s'y rattache. Il ne supporte plus un livre ou un journal chrétien; il est descendu dans l'abîme où la lumière ne peut plus luire et où l'on n'entend que blasphèmes, imprécations et cris de mort. Les campagnes sont tombées dans l'indifférence religieuse et bien près du mépris. Partout les intelligences, captives de l'erreur, avortent et ne donnent plus aucun fruit de science et de génie, tous les caractères sont abaissés, et d'une nation chevaleresque, fière de sa foi et de son honneur, ils font une nation de crétins à la disposition du premier venu. C'est une décadence jusqu'à la barbarie. Sous le rapport moral, la chute est effrayante, on ne croit plus à la vertu, le peuple s'est fait animal, la prostitution est partout, elle s'est répandue comme une lave infecte et corrosive sur tous les points de la France, elle étale ses audaces lascives dans toutes les rues, sur toutes les places, le jeune garçon et la petite fille sont familiarisés avec elle. Tout le monde sait aujourd'hui que ces antres de débauches dévorent la foi, l'intelligence, le cœur et l'énergie de la jeunesse. De ce gouffre sortent incessament les maladies vénériennes, les désolations, la ruine, l'infection du sang et le crétinisme des familles. Ajoutez à ce désordre le calcul de l'égoïsme, de la volupté et de l'avarice, qui, surtout dans le mariage, tue le germe de la vie ou ne donne que des avortons. Chaque jour, les hommes sérieux constatent la dégénérescence et la décroissance de la race française. Encore un siècle de ces libertés, et la France, épuisée, étiolée, ne présentera plus aux yeux du monde qu'une race d'orgueilleux crétins à la merci d'une peuplade quelconque. Lorsque le Prussien nous a traité d'un peuple de crevés, de pourris, ne l'avons-nous pas mérité ? La liberté de l'erreur et du mal ne nous a pas rendus meilleurs, mais pires, sous le rapport social. Il y a quatre-vingts ans, les droits de l'homme furent proclamés et la liberté déchaînée. Nous tuâmes le roi de France, le plus honnête homme de son royaume et le prince le plus débonnaire. Les gens les plus honnêtes, les plus purs furent guillotinés, ou noyés, ou fusillés, ou massacrés au nom de la liberté. Au nom de la liberté, la terreur régna partout et la France fut baignée dans le sang. Les biens de la noblesse et du clergé furent confisqués, les prêtres furent tués ou exilés et les temples détruits ou souillés. On le voit, l'apprentissage de la liberté ne contribua pas à faire progresser la civilisation et à rassurer sur la plénitude de son savoir faire.

En 1870, la libérté de l'erreur et du mal avait acquis la perfection du métier qui se manifesta dans la guerre civile en présence de l'ennemi envahisseur, dans l'établissement de la Commune, dans l'impiété sauvage, dans les pillages, dans les massacres, dans les incendies, dans les menaces retentissantes de l'extermination prochaine de la religion, de la famille, de la propriété. C'est en présence de cet avenir, qui s'assombrit tous les jours davantage, que la France est placée en 1873. Je ne sais si cette prétendue liberté peut recevoir une plus grande extension, mais une chose incontestable, c'est que les libéraux n'ont rien oublié ni rien appris. Ils redisent aujourd'hui ce que les sans-culottes ont dit bien des fois: Périsse la France plutôt que la Révolution. Les libéraux répètent : Périsse l'ordre, la religion, la famille, la propriété, la civilisation, plutòt que nos théories libérales. Deux faits exceptionnellement remarquables démontrent jusqu'à l'évidence l'obstination des libéraux que je ne crains pas de nommer criminelle. Le trop fameux Littré, professeur d'athéisme et de matérialisme, révolutionnaire émérite et chef avoué de l'Internationale fut présenté candidat à l'Académie française sous le patronage de M. Thiers. Il fut élu, non certes par des républicains seulement, c'eût été tout naturel, mais par des monarchistes libéraux. Ce fut un scandale pour l'Europe entière. Honteux de cette honteuse nomination, l'austère, le piétiste, le libéral Guizot osa se justifier de cette incroyable élection en disant qu'il avait agi ainsi par respect pour la liberté de conscience. Quoi donc? C'est un doctrinaire, un philosophe, un homme d'Etat qui a dû abaisser sa liberté de théïste, sa liberté de monarchiste, sa liberté de chrétien et sa liberté de conservateur, devant l'athéisme, les blasphèmes, les négations et les utopies révolutionnaires et anti-sociales d'un Littré? Oui, parce que Guizot est libéral et qu'un libéral ne recule pas devant les contradictions et les ignominies. Avec de tels principes, il faut absoudre et honorer tous les voleurs, tous les scélérats et même les pétroleurs, car ceux-ci usent, comme Littré, de la liberté de conscience. De plus, M. Guizot, moraliste, n'ignore pas que la préméditation du crime est plus coupable que la perpétration; il sait donc que le professeur du crime est plus coupable que le scélérat qui le commet, et incomparablement plus coupable, puisque le scélérat est seul, individuel, isolé, tandis que le professeur public a une puissance presque universelle qui propage dans tous les esprits la pensée et comme le besoin du mal. Et c'est un tel professeur que M. Guizot et les libéraux portent à la première dignité de la France civilisée. Et le monde sait dans quel moment.

Pour être moins honteux, le second fait n'est pas moins caractéristique. La France étouffait sous la botte prussienne et en proie à toutes les tyrannies et à toutes les scélératesses de la révolution, elle n'en pouvait plus. Tous les esprits honnêtes étaient en cherche d'un libérateur, d'un sauveur. Un seul existait. D'instinct, les libéraux le comprirent et s'efforcèrent de l'attirer à eux ou de le compromettre. Dix-sept d'entre eux se réunirent en conciliabule et lancèrent dans toute la France un manifeste anonyme. En même temps ils envoyèrent trois d'entre eux en députation auprès du comte de Chambord, ils avaient à leur tête l'instigateur et le propagateur infatigable du libéralisme en France et en Europe, dont nous avons déjà parlé. Ces trois députés, ne doutant de rien, ne craignirent pas de proposer au chef de la monarchie légitime d'associer la légitimité à la révolution, et d'accepter le drapeau qui avait flotté sur l'échafaud de Louis XVI, tué par la révolution. Justement indigné, Henri V répondit qu'il ne serait jamais le roi légitime de la révolution. Parole royale et par conséquent définitive. Tous les Français honnêtes et qui veulent le salut de la patrie le comprirent ainsi et applaudirent.

Trop longtemps les hommes irréfléchis se sont laissé piper par le mot de liberté, et trop longtemps les libéraux en ont abusé en lui donnant un sens contraire à sa nature et une extension qu'il ne peut avoir. En 1793, la liberté servit de symbole et d'instrument au plus dur et au plus sanglant despotisme qui rappelait trait pour trait le sauvage despotisme des musulmans. Comme ceux-ci imposaient la nécessité d'être disciple de Mahomet ou de subir la mort, ainsi dans cette époque fatale et lugubre tout Français devait renier ses convictions religieuses et monarchiques et acclamer la République ou monter à l'échaffaud. Le sanctuaire même de la conscience n'était pas libre, car il y avait une loi des suspects qui, en peu de temps, fournit de si illustres et de si nombreuses victimes au fer homicide. Ce despotisme sanglant et sauvage régna trop longtemps sous cette devise d'une ironie infernale : La liberté ou la mort.

Les libéraux plus intelligents, plus polis, plus civilisés ont pris la contradictoire de 1793, et dénaturant la liberté en sens contraire des démagogues, ils ont établi le droit de tout penser, de tout dire, de tout faire et de tout publier. C'est-à-dire que, sous le nom de liberté, ils ont inauguré une licence sans frein et sans limites qui ne tue pas seulement les individus, mais le Pouvoir, les gouvernements et la société même.

Il est donc d'une importance suprême pour tous de bien connaître la nature et les droits de la liberté.

Qu'est-ce que la liberté ? Dans le sens ordinaire et restreint, la liberté est la faculté, le pouvoir d'agir ou de n'agir pas. Dans le sens le plus élevé et le plus étendu, puisqu'il embrasse le monde Divin, moral et social (et c'est bien ainsi que l'entendent les libéraux) la liberté est la faculté pour l'homme d'atteindre sans entrave sa fin dernière, qui est la perfection, c'est-à-dire la ressemblance avec Dieu, type de toute beauté et centre de tout bien.

Les suggestions de Satan furent la première entrave posée devant Adam, qui se trompa sur la fin. Il crut trouver sa perfection et son bonheur dans l'égoïsme et la sensualité en dehors de Dieu et malgré sa volonté et ses menaces. Or, depuis la déchéance originelle, les illusions et les obstacles se sont étrangement multipliés, l'homme est devenu le jouet et trop souvent la victime de trois concupiscences qui l'obsèdent et trop souvent le captivent. Les mirages des honneurs et de la fortune le séduisent, la sensualité et l'égoïsme l'enchaînent à la terre, l'indépendance et l'orgueil le livrent à tous les caprices de la vanité jusqu'à l'extravagance. L'expérience des hommes et notre propre expérience démontrent que, nous trompant nous-mêmes, nous prenons pour notre fin dernière, c'est-à-dire pour notre bonheur parfait l'une de ces concupiscences au lieu de la vérité divine, du droit, du bien et de l'honneur de notre âme. Une première fois, sans passion aucune, et dans toutes les prérogatives de l'innocence, l'homme cède aux suggestions de Satan et choisit pour sa perfection et son bonheur suprême la violation de la loi de son Dieu. Ce choix funeste fut un crime et un châtiment. La perte de l'innocence obscurcit l'entendement et diminua les énergies de la volonté entre un bien tangible présent, actuel, et un bien spéculatif intellectuel et éloigné. Les obstacles et les entraves étaient immenses et presque insurmontables ; voilà pourquoi Jésus-Christ vint sur la terre apporter le secours et l'appui de sa grâce, dissiper les illusions, rétablir les droits de Dieu et de la vérité, prescrire les devoirs et tracer, dans les limites divinement certaines, la voie de la perfection et du bonheur complet. Toute la destinée de l'homme est d'atteindre ce but en marchant dans cette voie pleine de magnificences et digne des Anges. Jésus-Christ est si jaloux de son œuvre et de nos félicités qu'il veut et exige que l'homme brise tous les obstacles et se dégage de toutes les entraves des passions qui pourraient gêner son libre essor.

D'autre part, Dieu a donné à l'homme une formidable puissance, la puissance de heurter et de renier sa destinée divine pour s'en faire une à lui suivant ses caprices. Or, cette puissance mystérieuse et terrible, qui résiste à Dieu même, a ébloui les hommes qui l'ont confondue avec sa fin divine et l'ont appelée la Liberté, et par liberté ils entendent le droit de choisir entre le bien et le mal. Erreur capitale, blasphématoire, anéantissant le monde moral et la justice de Dieu.

D'abord, il faut observer que ce libre choix entre le bien et le mal ne saurait entrer dans la nature et l'essence de la liberté, car, s'il en était ainsi, il s'ensuivrait que Dieu ne serait pas libre. Sous aucun point de vue, Dieu ne peut choisir entre le bien et le mal parce qu'il est la perfection souveraine, universelle, infinie. De plus, Dieu n'a point créé le mal puisqu'il est la sainteté; mais c'est l'homme seul qui l'a fait en se mettant en opposition avec Dieu, en faisant prédominer ses goûts, ses appétits, sa volonté propre sur la volonté et les lois divines, car le mal n'est pas un être réel, il est bien plutôt une négation, une absence de vertus, une opposition coupable aux attributs et aux volontés de Dieu, il n'est un être réel que par l'acte de volonté qui le produit. Il suit de là que le libre choix entre le bien et le mal ne saurait entrer dans l'essence de la liberté, puisque dans l'impossibilité du mal, Dieu, par sa nature divine et par conséquent parfaite, jouit d'une parfaite liberté. Il peut agir ou ne pas agir, il peut faire ou ne pas faire. Il a pu créer comme il aurait pu ne pas créer le monde. Il a pu le faire tel qu'il est comme il aurait pu le modifier dans sa forme et dans sa nature. Une simple observation tranche la difficulté sans réplique possible. Si Dieu n'était pas souverainement libre, il s'en suivrait que la création et ses modifications diververses seraient éternelles comme Dieu, nécessaires comme Dieu. Qui ne voit que cette conséquence est absurde!

Donc la liberté ne consiste pas dans le libre choix entre le bien et le mal, mais bien dans la faculté pour tout être intelligent d'atteindre sans entrave sa fin dernière. Or, aux yeux du bon sens, de la conscience et de la raison, l'erreur et le mal ne sont pas et ne peuvent pas être la fin dernière de l'homme. Ils forment, au contraire, un obstacle, des entraves à cette fin. Ils sont un abus de la liberté, un crime et une déviation de la voie des devoirs et de la destinée. Le choix du mal et de l'erreur est donc toujours un crime faussant notre création et empêchant notre destinée.

Ces principes sont d'une telle certitude qu'ils se traduisent en fait incontestable. La sainte Écriture affirme que le disciple de Jésus-Christ, écoutant la voix de son maître et suivant ses divines prescriptions, jouit de la liberté, de la liberté des enfants de Dieu. Qu'est-ce à dire? si non qu'il a brisé tous les liens de la concupiscence et qu'il marche librement à la perfection. Il est dit encore que servir Dieu c'est régner. Et régner sur soi-même n'est-ce pas dominer l'orgueil, la sensualité et toutes les passions en les tenant sous le joug d'une volonté puissante qui reconnaît le souverain domaine de Dieu et sa justice? Dans cet état de dégagement l'homme ne marche pas seulement, il court, il vole dans la voie de sa fin dernière, c'est-à-dire la perfection qui lui assure la récompense et le bonheur infinis. Si, au contraire, l'homme choisit le mal au lieu du bien, il se crée des liens, des entraves, il affaiblit, il diminue, il restreint, il enchaîne sa liberté, il se fait esclave. La même Écriture l'affirme en termes exprès et énergiques. Elle dit :

Celui qui choisit le mal, se fait esclave du péché, *servus peccati*.

Je ne pense pas qu'une intelligence saine puisse élever un doute sur l'évidence et la certitude de ces doctrines. Donc, le choix de l'erreur et du mal ne participe aucunement de l'essence de la liberté. Ce choix ne peut pas être un principe voulu de Dieu, par conséquent il n'est pas un droit aux yeux de Dieu, du bon sens, de la raison et de la conscience universelle, son exercice ne peut jamais être légitime, il est toujours criminel puisqu'il viole la loi de Dieu et crée des entraves à la liberté. Dans ce temps de théories légères et de systèmes hasardés de philosophie, on a mis en oubli les notions théologiques qui ne se pliaient aux doctrines révolutionnaires, et c'est ainsi qu'on a sciemment confondu la liberté avec la puissance qui est en nous de faire le mal et d'accepter l'erreur, et cependant la liberté est l'exemption de toutes entraves, c'est-à-dire de l'erreur et du mal, pour atteindre notre fin, et la puissance du mal en exercice pose des entraves, des obstacles à cette même fin. La liberté est un droit, un droit divin, et la puissance du bien et du mal, mise en exercice pour le mal, est un crime, et un crime qui tue la liberté.

Le génie de Donoso Cortis a résolu cette question avec une logique qui ne laisse aucun doute. Il dit :

Le libre arbitre ne consiste pas dans la faculté de choisir entre le bien et le mal qui sollicitent l'homme par deux sollicitations contraires. Si le libre arbitre consistait dans cette faculté, il s'ensuivrait forcément deux conséquences, l'une relative à l'homme et l'autre relative à Dieu : toutes deux d'une absurdité évidente. Quant à ce qui touche l'homme, il est manifeste que plus il deviendrait parfait, moins il serait libre, puisqu'il ne peut grandir en perfection qu'en s'assujettissant à l'empire de ce qui le sollicite au bien et qu'il ne peut s'assujettir à l'empire du bien sans se soustraire à l'empire du mal. La mesure de ce qu'il accorde à l'une de ces deux forces étant exactement la mesure de ce qu'il refuse à l'autre. L'équilibre entre les deux sollicitations contraires est donc plus ou moins rompu selon que l'homme est plus ou moins parfait, et sa liberté, c'est-à-dire le pouvoir de choisir entre elles, diminue dans la même proportion. La souveraine perfection consistant dans l'anéantissement de l'une des sollicitations et la liberté parfaite supposant le plein et souverain pouvoir de fixer son choix entre l'une et l'autre, il est clair qu'entre la perfection de l'homme et sa liberté, il y a contradiction flagrante, incompatibilité absolue. L'homme ne peut donc ni conserver sa liberté sans renoncer à sa liberté. La conséquence est rigoureuse mais l'absurdité en est manifeste, car si l'homme est libre par nature, la loi de sa nature est aussi de tendre à devenir parfait.

On voit par là combien les libéraux, et surtout les libéraux catholiques, sont mal fondés à réclamer la liberté du mal et la liberté de l'erreur. Partant d'un principe faux dans la conception de la liberté et de la nature de l'homme déchu, ils réclament un droit, un Pouvoir qui est un échec perpétuel à la vraie liberté, un obstacle et une entrave à son exercice. En effet, plus vous ôterez à l'homme d'erreur et de passions, plus il sera dégagé et par conséquent libre pour atteindre sa fin, c'est-à-dire la perfection. Par une raison contraire, plus multipliées seront ses erreurs et plus nombreuses ses passions, moins il sera libre. Cette vérité de sens commun est ratifiée et confirmée par la parole du Verbe incarné, déclarant que c'est la vérité dans l'ordre moral et dans l'ordre religieux qui nous fait libres. Par là on voit à pleine vue que l'erreur et les passions abaissent l'âme et la tiennent en servitude. Dans la prétendue liberté du mal et de l'erreur, la liberté de la pensée, la liberté de la presse, la liberté de conscience ne sont pas un affranchissement, mais plutôt la cause féconde de toutes les servitudes.

Ces doctrines éternellement vraies et comprises d'instinct par tous les peuples ne se bornent pas à l'ordre spirituel et moral, elles trouvent leur application identique dans l'ordre politique et social par cette raison que les croyances et les mœurs font les bases essentielles de toute société. Le peuple le plus heureux et par cela même le plus libre est celui qui possède l'unité de doctrines et des mœurs bien réglées. Les conflits, les antagonismes, les haines sont bannis de son sein. Les convoitises y sont modérées et l'on ne songe pas à la révolte, aux séditions et aux renversements. Tandis que là ou règne la liberté de la pensée, la liberté de l'erreur et la liberté du mal, l'état est en perpétuelle ébullition, les conspirations s'y forment, les conjurations s'y ourdissent, les révoltes s'y préparent, les crimes qui menacent l'honneur, la fortune et la vie des citoyens s'y multiplient. Des lois répressives toujours plus sévères et plus nombreuses sont indispensables pour sauvegarder l'ordre matériel. C'est-à-dire que ces prétendues libertés rendent nécessaires le despotisme, et un despotisme toujours plus lourd et plus sévère. L'expérience des siècles et notre histoire contemporaine ne laissent aucun doute à cet égard.

Sous le rapport politique et social, la liberté du bien, qui est la véritable liberté et de plus un droit imprescriptible, forme un contraste saisissant par les rapports de bienveillance et de charité, de fraternité et de dévoûment qu'elle établit entre tous les membres de la société par le respect du Pouvoir, par l'ordre qu'elle maintient, par la paix et le bonheur qu'elle engendre au profit de tous.

L'homme d'Etat digne de ce nom ne manquera pas de reconnaître que la liberté du bien ou la prétendue liberté du mal font le bon ou le mauvais gouvernement, la paix ou les bouleversements, la prospérité ou la ruine, le bonheur ou le malheur. Il conformera l'exercice de son autorité à la nature de l'une et de l'autre. A la liberté de la vérité et du bien il donnera tout son essor, il protégera toute son expansion et la défendra contre toutes les entraves. Il restreindra, dans les limites du possible, la liberté ou plutôt la licence du mal et ne lui permettra jamais d'opprimer ou même d'empêcher le bien. Toute la science politique, sociale et administrative est renfermée dans ce dualisme. Car le mal et le bien se combattent dans la société comme dans l'individu. Le triomphe du bien fait la paix, l'ordre, le repos, l'honneur et la gloire dans l'individu, les mêmes résultats sont produits dans la société si le bien y triomphe. Si au contraire le mal l'emporte, il produit ses fruits naturels : le malaise, l'agitation, les convulsions, les renversements et les ruines. La loi est fatale et n'admet pas d'exceptions. Aucun principe religieux, politique ou social n'autorise donc les catholiques libéraux à vouloir, dans l'Etat et par l'Etat, une égale liberté pour le bien et pour le mal. D'autre part, ils sont forcés de reconnaître que la liberté du bien dans sa nature et dans ses résultats pratiques est un *droit* rigoureux, naturel, inadmissible et que la pratique du mal est un abus de cette puissance que les théologiens appellent le libre arbitre, que c'est un crime funeste à l'individu et à la société, et spécialement funeste à la société parce qu'il engendre un désordre général et que la répression de celui-ci provoque les sévérités des pouvoirs et des lois préventives et répressives. De sorte que loin de favoriser la liberté dans un gouvernement quelconque, la prétendue liberté des libéraux rend le despotisme nécessaire, obligatoire.

L'erreur libérale produit dans l'esprit public des conséquences non moins désastreuses ; elle diminue aux yeux des peuples l'antagonisme absolu qui existe entre le bien et le mal ; elle habitue les esprits à l'indifférence entre le crime et la vertu ; elle abolit les idées du juste et de l'injuste ; elle innocente tous les attentats contre la société dans le renversement et la destruction du Pouvoir. Elle frappe d'impuissance toutes les lois de répression contre les erreurs, les immoralités et les révoltes. Sous prétexte de liberté, elle crée la tyrannie qui, pour se maintenir au Pouvoir, est obligée de se prémunir contre les flots toujours montants du mal et des insurrections. Les libéraux ont fait passer en principe dans la société française qu'il n'y a pas de crimes politiques, et, par suite, ils ne reconnaissent aucun principe divin qui fasse le Pouvoir légitime, sacré, inviolable. De là cette confusion d'opinions dans une Chambre souveraine, au milieu des désastres de la patrie, De là cette insouciance sur les inquiétudes, les malaises et les périls que cette absence de principes politiques et sociaux fait subir à la France. De là ces ménagements iniques pour la révolution et ce prétendu esprit de conciliation qui fait pactiser avec la révolte et la démagogie, et qui, à cette heure, est le scandale de l'Europe. De là enfin cette funeste et désolante temporisation qui retarde sans cesse la solution de notre vie ou de notre mort, c'est-à-dire le rappel si nécessaire du roi légitime, du sauveur naturel de la France. Non, jamais sous le soleil aucune nation ne s'est trouvée dans une position aussi désastreuse et aussi effroyable que celle faite par les libéraux à la France.

La France est épuisée d'argent et de sang par des défaites répétées, par cinq milliards d'indemnités de guerre, par des impôts inouïs et écrasants ; elle n'en peut plus. Echappée à peine aux fureurs des sauvages de la Commune, elle se sent isolée, seule, abandonnée de toutes les puissances et environnée par les ennemis acharnés de son honneur, de ses gloires et de sa vie. Les athées, les libres penseurs, les matérialistes et les proxénètes la salissent de toutes les hontes. Les franc-maçons, les carbonaris, les sans-culottes, les sicaires, les démagogues, les hommes de sang lui tiennent le poignard sur la gorge et la menacent de destruction et de mort. Elle est infailliblement perdue si un Pouvoir légitime, juste et fort ne vient pas la délivrer en enchaînant la révolution. Or, ce Pouvoir existe et il tend vers nous sa main royale, et depuis deux ans les libéraux s'interrogent et se demandent s'il est expédient de songer au salut de la France. S'il est temps de la sauver, qui la sauvera ! Ils calculent le choix du personnage qui va le mieux à leur goût, à leurs théories gouvernementales et qui favorisera le plus fructueusement leurs intérêts personnels. En attendant, le mal de la France s'aggrave, et Dieu veuille qu'elle ne s'effondre pas par l'impuissance et la division des libéraux !

Le grand Pontife qui règne au Vatican, Pie IX, vaste intelligence qui a saisi toutes les vérités divines, politiques et sociales et toutes les erreurs correspondantes avec leurs conséquences a prononcé, dans une circonstance solennelle, cette parole qui est un arrêt sans appel : Les libéraux sont le fléau de la France et de l'Europe.

Oui, les libéraux résument en eux les principes des hérésies et des schismes en religion, et la théorie de toutes les révolutions dans l'ordre politique et social.

NOTE DE LA PAGE 101

La charte de Louis XVIII transportait en France le régime constitutionnel de l'Angleterre. Or, le régime constitutionnel qui existe actuellement en Angleterre est le régime faussé dans le sens révolutionnaire de la constitution de ce peuple froid, réfléchi et plein de bon sens. Jusqu'à la fin du XIIIe siècle, l'Angleterre n'avait connu que le Pouvoir royal, éclairé, soutenu, modéré et contrôlé par la pairie. A cette époque seulement. les chevaliers furent admis à donner leur avis sur quelques questions réservées. Plus tard, avançant dans les idées populaires, le cercle des chevaliers fut élargi jusqu'à la bourgeoisie et ce courant d'idées entraîna à l'état actuel, qui est un état de décadence, et que tous les hommes politiques estiment gros de tempêtes, bien que la pairie héréditaire et indépendante fasse de constants efforts pour conjurer l'orage.

C'est ce régime presque révolutionnaire que Louis XVIII octroya, au sortir d'une révolution effroyable, à nous Français, si ardents, si légers, amis passionnés de la nouveauté et de l'indépendance ! C'était livrer la royauté à toutes les attaques, à la résistance et presque au renversement légal de l'autorité suprême : ce qui constitue le droit le plus terrible au désordre et à la révolte.

Funeste importation ! Elle donne à l'élément populaire tout ce qu'elle enlève au Pouvoir royal. Elle le supplante même si on y ajoute l'initiative des lois par la Chambre basse. Ce qu'il y a de trop réel, c'est que ce régime jeta dans la France ce ferment révolutionnaire qui a renversé tant de trônes en France et dans les Etats de l'Europe qui ont eu le malheur de nous imiter.

Les passions démocratiques prétendent façonner tous les peuples au même moule, et cependant l'histoire constate que chaque peuple a son tempérament propre avec des conditions d'existence spéciales. L'un supporte sans grandes secousses ce qui donne des convulsions et même la mort à d'autres. Le régime constitutionnel n'était-il pas de ce genre pour la plupart des Etats de l'Europe ?

***

La charte de 1814 portait une grave atteinte à la vérité divine en lui assimilant toutes les conceptions humaines et toutes les erreurs religieuses. Elle assurait *égale protection* à tous les cultes, établissant ainsi la parfaite indifférence de l'Etat pour la vérité et pour l'erreur. Tout le monde voit ce que ce terme de protection renferme d'erreurs sociales et de mépris pour la vérité révélée. Le terme de tolérance aurait sauvé l'amour propre des novateurs et des hérétiques et l'apostasie de l'Etat.

ERRATA.

Page 4, chapitre Ier, 18e ligne. — Au lieu de *instituèrent*, lisez : *intitulèrent*.

Page 85, 20e ligne. — Au lieu de : maintenent, lisez : maintenant.

Page 104, 26e ligne, au lieu de : *ax*, lisez : *aux*.

EN VENTE

Chez les principaux Libraires du département.

www.ingramcontent.com/pod-product-compliance
Ingram Content Group UK Ltd.
Pitfield, Milton Keynes, MK11 3LW, UK
UKHW012213240726
13966UKWH00002B/736